सोया हुआ जल
और
पागल कुत्तों का मसीहा

(दो लघु उपन्यास)

सोया हुआ जल
और
पागल कुत्तों का मसीहा

सर्वेश्वरदयाल सक्सेना

वाणी प्रकाशन

पहला संस्करण : 1997
दूसरा संस्करण : 2023

वाणी प्रकाशन

4695, 21-ए, दरियागंज, नयी दिल्ली 110 002

फ़ोन : +91 11 23273167 फ़ैक्स : +91 11 23275710

शाखाएँ

अशोक राजपथ, पटना 800 004, बिहार
कॉफ़ी हाउस कैम्पस, महात्मा गांधी मार्ग, इलाहाबाद 211 001, उत्तर प्रदेश
महात्मा गांधी अन्तरराष्ट्रीय हिन्दी विश्वविद्यालय, वर्धा 442 001, महाराष्ट्र
36/ए, शेक्सपीयर सरणी, रानी बिरला गर्ल्स कॉलेज के पास, कोलकाता 700 017, प. बंगाल

www.vaniprakashan.com
marketing@vaniprakashan.in
sales@vaniprakashan.in

Soya Hua Jal Aur Pagal Kutton ka Maseeha
by Sarveshwar Dayal Saxena

ISBN : 978-81-7055-469-1
Novel

मूल्य : ₹ 100

आर. टेक ऑफ़सेट प्रिंटर्स, दिल्ली-110 032 में मुद्रित

वाणी प्रकाशन का लोगो मक़बूल फ़िदा हुसेन की कूची से

उप-क्रम

सोया हुआ जल

बूढ़ा पहरेदार

रात। अँधेरे में सोया हुआ ताल का जल। नाचती हुई रोशनी के पीले हरे फूल। खट...खट...। एक काली परछाईं का ताल के जल पर रेंग जाना।

समीप स्थित यात्रीशाला के बरामदे में पसरी हुई रोशनी, थके हुए कहकहे, उभरा हुआ शोरगुल। बूढ़े पहरेदार का बरामदे की बेंच पर, फटे हुए बरानकोट को लाठी पर टिका, नाल-जड़े पुराने जूतों को नीचे खिसका, सिर घुटनों में छिपाकर गुड़ी-मुड़ी होकर बैठ जाना।

''पहरेदार आ गया !'' कोई भोंडी आवाज।

''बूढ़े ने बड़ी उम्र पायी है।'' एक बेफिक्र हँसी।

लेकिन वह उसी तरह निश्चेष्ट, जड़वत् घुटनों में मुँह छिपाये बैठा रहा।

यात्रीशाला

''थ्री क्लब्स !'' एक भारी आवाज।

''फोर डायमंड्स ?'' एक और भारी आवाज।

''सुन तो लो मेरा अफसाना...।'' गला दबाकर एक भोंडे खिंचाव के साथ गाना।

''लेकिन मोटी है ! मोटी लड़कियाँ...।'' एक क्षण की खामोशी, फिर दबी हुई खिलखिलाहट।

"रायल का...रायल का खाना सबसे अच्छा... !" एक तेज आवाज।

"वहाँ प्री-बुकिंग होती है। अभी से सीट...समझे ?" एक चुनौती की तेज आवाज।

"...बिना पैसे का इश्क...धत् तेरे की !" एक जोर का कहकहा।

"मैं...मैं कहता हूँ यह ले...ले...लेनिन का कथन है—आखिर...सर्वहा ...हा...हा ...रा... !" एक गुस्से में तमकती हुई तेज आवाज।

"क्यों भाईजान ! अभी से सोने में लग गए ?" एक मीठी चुटकी।

"र र रा, र र रा, त र र र रा; देख बे, नाट ठीक है ?" फिर मुँह से उसी ट्यून में सीटी बजाने की आवाज !

"बीयर भी कोई ड्रिंक है ? वाह, तीसमार खाँ..." एक नशे में लड़खड़ाती हुई बेहूदा हँसी।

बूढ़ा पहरेदार फिर बैठ गया। यात्रीशाला के बीच की गैलरी से जिसके दोनों ओर कमरे थे, वह एक चक्कर लगा आया था। उसके कानों में विभिन्न कमरों से आते हुए ये अधूरी बातों के टुकड़े, किसी तेज़ बवंडर में पड़े पीपल के सूखे पत्तों की तरह चक्कर काट रहे थे और उसके मस्तिष्क की फटती रगों से, ये तरह-तरह की आवाजें, शोरगुल, कहकहे, समुद्र की लहरों की तरह टकराते जा रहे थे !

उसने लोहे की बेंच की ठंडी छड़ पर अपना माथा टिका दिया।

सीढ़ियों पर

"आज का भी सारा परिश्रम व्यर्थ रहा।" एक भारी पुरुष-स्वर। अँधेरे और उजाले की संधि-रेखा पर खड़ी हुई एक थकी लम्बी ढीली आकृति। दूर दस के घण्टे की आवाज कुछ सोयी हुई-सी। समीप लम्बे यूकलिप्टस के पेड़ पर दर्द-भरे पंखों की फड़फड़ाहट।

"दो-एक दिन और सही। तुम काफी थक गये होगे। चलो तुम्हारे लिए चाय बना दूँ। मेरी तो रग-रग दर्द कर रही है। ये चन्द सीढ़ियाँ ही पहाड़ मालूम पड़ रही हैं।" किसी हल्के रंग की साड़ी में लिपटी हुई एक दुबली-पतली आकृति का उठा हुआ मुख, थकी हुई, नारी कंठ की

आवाज।

"मैं तो तुमसे कब से कह रहा हूँ, लेकिन तुम हो कि मानती ही नहीं। चलो कल शाम को एक्सप्रेस से घर लौट चलें। हर आदमी अपनी जिन्दगी का जिम्मेदार खुद होता है। जो पत्थरों में चलने पर ही आमादा हो उसे ठोकरें लगेंगी ही।"

"लेकिन–राजेश–" नारी स्वर धीमा होकर खो गया। पुरुष के कन्धे पर एक क्षण उसने अपना मस्तक टिका दिया।

"मेरी विभा–यही सही। चलो।" पुरुष का स्नेह-भरा स्वर एक गहरी सांस में डूबा हुआ।

राजेश ने विभा को सहारा दिया। दोनों फिर चले। बरामदा पार कर कमरे में प्रवेश कर गये।

बूढ़े पहरेदार ने घुटनों से सिर उठाया और निर्निमेष दृष्टि से सामने कमरे की ओर देखता रहा।

हरी रोशनी

कमरे में हरी रोशनी जल उठी। और दरवाजों के शीशों से छनकर बरामदे में पड़ने लगी। बूढ़े पहरेदार के जी में आया, काश वह इस बिखरी हुई रोशनी को अपनी मुट्ठियों में समेट लेता ! उसने ठिठुरे हुए हाथ अपनी फटी हुई जेबों में डाल लिये।

"हर रोशनी तुम पर फबती है। तुम्हारा सौंदर्य दुगुना हो जाता है। तुम्हारी हलकी बैंगनी साड़ी का रंग देखो, कितना और गहरा हो उठा है।"

राजेश की आवाज आयी।

"इसके अर्थ यह हुए कि वह वास्तविकता को उभरने नहीं देती। उसे दबा देती है।–पुरुष के प्यार की तरह।" विभा ने उत्तर दिया।

हरी रोशनी–पुरुष के प्यार की तरह। विभा ने गुलगुले तकिये में मुँह छिपा लिया और रजाई खींच ली।

हरी रोशनी–सौन्दर्य को उभारने में समर्थ। राजेश ने मेज पर बैठकर

कोहनियों में मुँह छिपा लिया और एकटक उठे हुए काले घुँघराले केशों में दमकता हुआ विभा का रूप निरखने लगा।

"तुम अभी नहीं सोओगे ? आज बहुत थके हो–आज काम मत करो।"

"तुम सो जाओ। बोलो मत। ऐसे ही पड़ी रहो। अपना रूप मुझे देखने दो। आज कहीं कुछ नया लग रहा है। थकान उतर रही है। बस दो-एक घण्टे में मैं सब जरूरी चिट्ठियों का जवाब लिख दूँगा। फिर–"

"जाओ !" विभा ने रजाई से मुख ढाँप लिया और राजेश ने मुसकराकर कलम उठा ली।

थोड़ी देर की गहरी खामोशी के बाद :

"आखिर यह प्यार क्या है जिसके नाम पर घर-द्वार, समाज, सब कुछ छोड़कर तुम्हारे ये भाई साहब कहीं भटक रहे हैं, और हम सब उनके पीछे-पीछे परेशान हैं; विवाह के पहले हम-तुम तो एक-दूसरे को नहीं जानते थे, न एक-दूसरे को प्यार ही करते थे। इससे हमारी जिन्दगी में क्या फर्क आ गया ? सच बताओ। क्या हम-तुम एक-दूसरे को प्यार नहीं करते ? क्या किशोर के प्यार की सीमा हमारे-तुम्हारे प्यार की सीमा से बड़ी है ?" विभा ने कहा।

"तुम यह सब दर्शन सोच रही हो या सो रही हो ?" राजेश ने स्वरों में बनावटी कठोरता लाते हुए कहा।

"मुझे नींद नहीं आती, जब तक तुम काम करोगे मैं नहीं सोऊँगी।"

विभा ने झल्लाकर रजाई ऊपर से फेंक दी और उठकर बैठ गयी।

"लेकिन–"

"लेकिन-वेकिन कुछ नहीं। तुम अपना काम करो। मैं बैठी हूँ।" विभा हथेलियों में सिर थामकर बैठ गयी।

"इसके अर्थ यह होते हैं कि मुझे तुम्हें सुलाकर फिर काम करना होगा। जैसी तुम्हारी इच्छा।"

"नहीं, मैं आज तुम्हें काम नहीं करने दूँगी।" विभा मुसकरायी।

राजेश ने रोशनी बुझा दी। बूढ़े पहरेदार ने देखा–बरामदे में पसरी हुई रोशनी खो गयी।

हरी रोशनी—दूसरों की दया पर आश्रित। बूढ़े पहरेदार ने फटी जेबों से हाथ निकाल लिये और फिर घुटनों में सिर छिपाकर बैठ गया। कमरा नं. 2 की खिड़कियाँ खुली थीं और कुछ धीमी-धीमी फुसफुसाहट की आवाज़ें आ रही थीं।

कमरा नम्बर दो

"बड़ा गजब हो गया रतना ! अभी मैनेजर के रजिस्टर में दस्तखत करते हुए मैंने देखा कि भैया-भाभी भी यहीं हैं। सामने वाले कमरे में टिके हुए हैं। अब क्या करें ?" किशोर ने घबरायी हुई आवाज में कहा।

"रात आराम कर लो, फिर सुबह उठकर उनसे पहले ही यदि तुम्हारी मरजी होगी तो हम लोग यहाँ से हट चलेंगे।" रतना ने उत्तर दिया।

"मेरी मरजी, गोया कि तुम्हारी मरजी कुछ है ही नहीं।" किशोर ने झुँझलाकर कहा।

"मेरी मरजी तो अब तुम हो न।" रतना मुसकरायी और प्यासी दृष्टि से उसकी ओर देखने लगी।

"मैं जानता हूँ कि तुम्हें मेरे साथ इस तरह दर-दर भटकना अच्छा नहीं लगता। बड़े बाप की बेटी हो। इतना कष्ट उठा सकना तुम्हारे बूते के बाहर है। तो फिर जाओ, मुझे मेरे भाग्य पर छोड़ दो। मेरे लिए तुम क्यों मुसीबत उठाओगी।" किशोर हाथ में सिर थामकर मेज पर बैठ गया।

रतना ने रजाई मुँह पर खींच ली और सिसकने लगी। काफी देर तक गहरी खामोशी रही। किशोर सिर थामे बैठा रहा और रतना रजाई में पड़ी सिसकती रही।

थोड़ी देर बाद...

"यही प्यार है तुम्हारा ? इसी प्यार की तुम दुहाइयाँ देते थे ! कहते थे, प्यार मुसीबतों को आसान बना देता है। प्यार अमर है, प्यार अनन्त शान्ति है, जीवन और जगत् के हर भय से परे है। आज व्यंग्य करते हो। एक असहाय स्थिति में मुझे छोड़कर व्यंग्य करते हो। मैं धनी बाप

की बेटी हूँ इसमें मेरा क्या दोष है ? मैंने तुम्हारे साथ कौन-सी मुसीबत नहीं उठायी है और कौन-सी मुसीबत उठाने से भागती हूँ ? फिर भी तुम..." रतना फूट-फूटकर रोने लगी।

किशोर अपराधी की भाँति रतना के सिरहाने बैठ गया और रुँधे हुए कंठ से बोला :

"मुझे माफ करो...इतनी कठोर मत होओ। मैं घबरा उठा हूँ। जितने पैसे तुम घर से लेकर चली थी सब खत्म हो गये। अब मैं क्या करूँ ? मेरी कुछ समझ में नहीं आता। मुझे कोई रास्ता नहीं दिखाई देता।"

"वापस लौट चलो। मैं बाबूजी से माफी माँग लूँगी। वह मुझे फौरन माफ कर देंगे। वे मेरे बिना नहीं रह सकते। मेरी वजह से बहुत चिन्तित होंगे।" रतना ने कहा।

"लेकिन मैं भैया-भाभी को कैसे मुँह दिखाऊँगा ? नहीं, वह नहीं हो सकता।"

"फिर तुम जैसा उचित समझो करो। डूब मरने को कहोगे, डूब मरूँगी।"

रतना ने निश्चिन्त-सी साँस लेकर करवट बदली और किशोर मेज पर, हाथों में सिर पकड़ बैठ गया।

बूढ़े पहरेदार ने कान खड़े किये। कमरे में कोई आवाज नहीं थी, गहरी निस्तब्धता छा गयी थी। उसे एक हल्की झपकी आ गयी।

पहली झपकी

काले पंखों वाले एक छोटे स्वप्नदूत ने उसके सिर पर हाथ फेरा।

"तुम्हारा माथा तो तप रहा है पहरेदार ?"

"तुम कौन हो ? इतनी रात गये यात्रीशाला में किसलिए आये हो ?" पहरेदार ने कड़ककर पूछा।

"मैं रोज आता हूँ। लेकिन तुमसे बिना मिले चला जाता था। आज तुम्हें बीमार देखकर तुम्हारे पास आ गया।"

"तुम यहाँ रोज किसलिए आते हो ?"

"प्यासी आत्माओं की शान्ति के लिए। जागता हुआ आदमी अपने से छल करता है, अपने को धोखा देता है। अपने को हजार बन्धनों में बाँधता है, हजारों नियमों में कसता है। लेकिन सो जाने पर नियमों और बन्धनों की दीवारें टूट जाती हैं, छल और धोखे की परतें हट जाती हैं। फिर उसकी वास्तविक इच्छाओं की तृप्ति करता हूँ। मैं स्वप्न हूँ। जागने पर जिसे जो कुछ नहीं मिलता नींद में मैं उसे वह सब देता हूँ।"

"तुम्हारे साथ कौन है ?" बूढ़े पहरेदार ने कुछ धुँधली आकृतियों को देखकर पूछा।

"तुम स्वयं ही देखो।" काले पंखों वाले स्वप्नदूत ने उत्तर दिया।

स्वप्न दृश्य

"मोहन, मोहन !" विभा अस्तव्यस्त सोने के कपड़ों में चुपचाप कमरे के बाहर निकल आयी।

"तुमने चाय तक नहीं पी, मुझे अकेले छोड़कर चुपचाप कहाँ चले जा रहे हो।"

विभा ने रुंधे हुए गले से मोहन का हाथ पकड़ते हुए पूछा।

"तुम्हारे पति-देवता के आने का समय हो गया। अब मुझे चलना ही चाहिए। तुम्हारी हरी-भरी गृहस्थी में मैं आग नहीं लगाना चाहता !"

मोहन ने उत्तर दिया और आगे बढ़ गया।

विभा ने उसके गले में अपनी बाँहों की जय-माल डाल दी।

"अब इसी तरह की बातें करना सीख गए हो। मैं तो तुमसे झूठ बोल रही थी। मैंने विवाह कहाँ किया ? देखो मेरे पैर में बिछिया, मेरी माँग में सिन्दूर, कहीं कुछ तो नहीं है। मैं तो महज तुम्हारे आने की प्रतीक्षा कर रही थी। तुम मजाक भी नहीं समझते, इतने भोले हो ?"

अचानक एक बड़ा-सा चित्र दीवार पर खिंच गया।

"यह तुम्हारा चित्र है। पसन्द है ? यह वही...यह वही नीला दुपट्टा है जिससे उस दिन तुमने मेरी आँखें बाँध दी थीं। इसे ओढ़ने पर तुम सचमुच कितनी अच्छी लगती हो।" मोहन ने कहा।

विभा ने मोहन का हाथ पकड़ा—किनारे पर लगी नाव में चढ़ गयी। नीला दुपट्टा उसके कन्धों से फिसलकर उसके पैर में लिपट गया। वह गिरते-गिरते बची। मोहन ने उसे कसकर बाँहों में बाँध लिया और दुपट्टा नाव से सरककर लहरों के साथ बह गया।

नाव धारा के साथ बह निकली।

"सुना था तुम्हारी शादी हो गयी है।" मोहन ने पूछा।

"मैं शादी नहीं करूँगी। मुझे कहीं ले चलो, मैं तुम्हारे साथ रहूँगी।"

"मेरे साथ ? जिसके घर-द्वार, माँ-बाप, भाई-बहन कहीं कोई नहीं है, जो अनाथ है ? जो महज तूलिका चलाना जानता है और उलटे-सीधे चित्र बनाकर जिन्दगी गुजारता है, उसके साथ तुम रहोगी ? मैं इस लायक नहीं हूँ कि तुम्हें अपने साथ रख सकूँ। नहीं, तुम मेरे साथ सुख से नहीं रह सकोगी।" मोहन ने कहा और नाव किनारे से लगा दी।

"उतर जाओ।"

"मैं नहीं उतरूँगी।"

"मैं कहता हूँ उतर जाओ।"

"मैं नहीं उतरूँगी। नहीं, हरगिज नहीं।"

"तो फिर मैं नदी में कूद पड़ूँगा..."

हरी रोशनी

बूढ़े पहरेदार की झपकी अचानक खत्म हो गयी, आँख खुल गयी, सामने राजेश के कमरे में फिर हरी रोशनी जल गयी थी। दरवाजे के शीशों से दिखाई दिया कि राजेश मेज पर बैठा कुछ लिख रहा है और विभा शान्त सो रही है।

पहरेदार उठकर बरामदे में टहलने लगा। उसे रह-रहकर चक्कर आ रहा था।

अचानक विभा चीख पड़ी। 'बचाओ, बचाओ' की अस्पष्ट ध्वनि पहरेदार ने सुनी।

राजेश ने मेज पर से फौरन उठकर उसका हाथ छाती से हटा दिया।

गोया नींद में भी हृदय की धड़कनों का स्पर्श वर्जित है।

लेकिन विभा की आँख खुल गयी थी।

"क्या कोई सपना देखा था ? बहुत बुरी तरह चिल्ला रही थी।" राजेश ने पूछा।

"हाँ...नहीं...क्या सच चिल्ला रही थी मैं ? तुम काम करने में लग गए थे क्या ? बीमार पड़ जाओगे। सोते क्यों नहीं हो, तुम भी मेरा कहना नहीं मानते–नहीं मानते न मेरा कहना ? अच्छी बात है। मैं...मैं कभी कुछ नहीं कहूँगी।" विभा ने करवट बदलकर तकिये में मुँह छिपा लिया और सिसकने लगी।

"बहुत घबरा गयी हो। कैसा सपना देखा था तुमने ! ओवल्टीन बना दूँ ?" राजेश ने स्तम्भित होकर पूछा।

"नहीं, इतनी रात गये तुम काम न करो। मैं इसीलिए कहती थी कि मुनीम को ले चलो। दिन-भर दौड़ोगे, रात-भर काम करोगे। मुझे तुम्हारा रुपया-पैसा कुछ नहीं चाहिए। तुम्हारे सुख में ही मेरा सुख है। मैं कितनी दफे कहूँ ? मेरी बात तुम भी नहीं समझते। यदि तुम अपने ही मन की करना चाहते हो तो मुझे किसी नदी में बहा आओ। मुझे मार डालो। तुम भी मुझे मार डालो।" और इतना कहकर विभा फिर सिसकियाँ भरने लगी।

राजेश ने घबराकर रोशनी बुझा दी।

"तुम यह सब क्या अंड-बंड बक रही हो। लो सो जाओ, अब मैं काम नहीं करता। सोचा था कुछ जरूरी खत हैं निपटा लूँ। लेकिन तुझ पागल के मारे कुछ हो तब न। क्या सपना देखा था ?"

"कुछ नहीं।" विभा ने एक गहरी सांस भरकर उत्तर दिया और फिर नीरवता छा गयी।

बूढ़ा पहरेदार

बूढ़े पहरेदार ने लाठी उठायी। फटा हुआ बरानकोट पहन लिया और एक चक्कर लग.ने की हिम्मत करने लगा। उसके पैर काँपने लगे। वह

लड़खड़ाया। लेकिन चलता गया। दुर्बलता को उसने चुनौती दे दी। ग्यारह का घण्टा बजा। उसने माथे से पसीना पोंछ लिया। क्या सचमुच उसे बुखार है ? उसने सोचा...

उसे एक गीत याद आया। लेकिन ज्यों ही वह उसे गाने चला वह गीत भूल गया। उसे क्यों कुछ याद नहीं आ रहा है ? वह क्यों सब कुछ भूलता जा रहा है ? वह सोच नहीं पाया...

यात्रीशाला

यात्रीशाला में अब शोरगुल, कहकहे सब हलके पड़ गए थे। कहीं जैसे सब थक गये हों। सब नींद में हों। पहरेदार गैलरी में रुककर चलने लगा। अगल-बगल के कमरों से फुसफुसाहट आ रही थी।

"तुम क्या जीतते बेटा ! बेईमानी करके जीत गए ! भूल गए जब तुम्हें दो सौ पाइंट से हराया था...आज खिलाड़ी बने हो।"

"अरे हट ! मैंने खेलना सिखाया और मेरा ही गुरु बनने चला है ?" दूसरी आवाज आयी।

पहरेदार और आगे सरक गया...

"क्यों बे ! पिछले जन्म में तू तानसेन का बाप था क्या ? सोने भी देगा या अपना अफसाना ही सुनाता रहेगा..."

"अरे ! गाना गाने से कहीं दिल की लगी बुझती है। ज्यादा आग लगी हो तो सामने ताल है उसमें जाकर डूब मर। सारी आग बुझ जाएगी।" एक आवाज।

"हाँ भाई, क्यों नहीं ऐसा कहोगे ? जले पर नमक सभी छिड़क लेते हैं। कभी दुख-दर्द भी पूछा होता ! अकेले-अकेले न जाने कहाँ घूम आते हो, मुझे सुराग भी नहीं लगने देते और ऊपर से ताना मारते हो।"

पहरेदार और आगे बढ़ गया।

"फिर क्या हुआ ? तेरी उस मोटी ने कुछ माल-मता भेजा ?" एक आवाज।

"अरे सोने दे। उस बेचारी के पास क्या माल-मता धरा था।" दूसरी

आवाज।

"हाय-हाय रे बेचारी ! खसम की सारी जायदाद क्या हुई ? मैं तो सोचता था कि तुझे सबका मालिक बना देगी–" पहली आवाज।

"वह मेरे लिए धरी थी। मरते ही यार-दोस्तों ने उसे बुद्धू बनाकर सब बेच खायी।"

पहरेदार कुछ और आगे बढ़कर दीवार के सहारे टिक गया।

"पसन्द आया खाना ! नहीं न ? कहीं कुछ रुपये हाथ आयें तो एक रेस्ट्राँ खोला जाय, फिर मैं दिखाऊँ उम्दा खाना क्या चीज होती है। रायल की धूम मचा रखी है। भूसा खिलाते हैं। या गलत कहता हूँ ? कहीं से कुछ रुपये उधार दिलवाओ–तुम्हारी तो बड़े-बड़े लोगों से जान-पहचान है–अरे सो गए क्या ! इतनी जल्दी ! हाँ, भई ऐसे मौके पर सो जाना ही बेहतर है।" एक खिसियाई हुई आवाज।

पहरेदार को चक्कर आ गया। वह कुछ और आगे बढ़कर दूसरे कमरे के सामने की दीवार से टिककर खड़ा हो गया।

"कितना खर्च किया उसके पीछे अब तक ?" एक आवाज।

"यही चार-पाँच सौ। लेकिन अगर हाथ आ जाती तो पचास-गुने वसूल हो जाते।" दूसरी आवाज।

"कोशिश किये जाओ। हिम्मते मरदां, मददे खुदा।" पहली आवाज।

पहरेदार लड़खड़ाकर दो कदम और आगे चला और दूसरे कमरे के सम्मुख जमीन पर बैठ गया। कमरा नं. 11. पहरेदार को याद आया.. .उसकी आँखों के सामने घूमती हुई एक लाश आ गयी...कोई अच्छे कपड़े पहने रात में आया था। उसी में टिका था और उसकी लाश छत की कड़ी में झूल रही थी। फिर लाश इसी गैलरी से निकाली गयी थी। पुलिस ने उसे कितना हैरान किया था ! उसकी समझ में अभी तक नहीं आया कि वह खुद ही मरा था या किसी ने उसे मार डाला था।

भीतर से आवाज आ रही थी–"यह सब कुछ नहीं। तुम्हारा साम्यवाद बाह्य परिस्थितियों को बदल सकता है लेकिन जब तक आदमी भीतर से नहीं बदलेगा तब तक जिस स्वर्गिक जीवन की हम कल्पना करते हैं वह नहीं प्राप्त हो सकता।" एक दृढ़ आवाज !

"भीतर से बदलने का नारा बुर्जुआ नारा है। इसकी सृष्टि पूँजीवादी सभ्यता ने इसलिए की है ताकि आदमी बाहर से आँख मीचे रहे और वे उसे आराम से चूस सकें। भारतवर्ष में इस नारे पर बड़ा जोर है। इस पर बड़ी आस्था भी है, लेकिन सच मानो दोस्त, इस नारे को लगाने वाले जन-क्रान्ति के साथ विश्वासघात कर रहे हैं।"

बूढ़े पहरेदार ने यह सुनकर भी नहीं सुना। वह लाठी के सहारे उठा। अधिकतर कमरों की बत्तियाँ बुझ चुकी थीं। और वह घिसटता हुआ अपनी बेंच पर जाकर पुनः बैठ गया।

कमरा नम्बर दो

रतना ऊँघ गयी थी। किशोर ने चुपचाप थैले से बोतल निकाली और धीरे से प्रकाश बुझा दरवाजा खोल बाहर निकल आया। कमरा नं. 7 का दरवाजा उसने धीरे से खटखटाया और आवाज दी—"बाहर आओ दिनेश।" दिनेश कमरे से बाहर निकल आया।

रतना ने अचानक करवट बदली और आँखें बन्द किए-किए बड़बड़ायी—"तुम परेशान क्यों होते हो ? कल कान के इयरिंग बेच देना। कुछ दिन के लिए काम चलेगा। इसी बीच शायद तुम्हारा काम कहीं लग जाएगा। बेकार दुखी होने से फायदा ? खुद दुखी होते हो और हमें भी दुखी करते हो...क्यों जी, कल हम लोग फाल देखने चलेंगे न ! सुबह किसी लाण्डरी में जाकर मेरी उस हरे बार्डर वाली धोती में इस्तिरी करा देना। नहीं तो मैं नहीं चलूँगी, समझे ? इतनी जल्दी सो गए क्या ? तुम्हें मेरा कुछ भी ख्याल नहीं है।" रतना ने एक गहरी सोस ली।

कमरे में घना अँधेरा था। बूढ़े पहरेदार ने बेंच पर बैठे-बैठे सुना। मुसकराना चाहा पर मुसकरा नहीं सका।

ताल पर

"हाँ, अब बताओ।" दिनेश ने एक चैन की साँस लेते हुए कहा। ताल

की सीढ़ियों पर दूर के विद्युत स्तम्भों का हल्का प्रकाश था। समीप के पेड़ों की घनी परछाईं ताल की सतह पर फैली हुई थी। वे अँधेरे में सीढ़ियों पर बैठ गये।

"तुम्हारे लिए एक बोतल खरीद लाया हूँ। यह लो।" किशोर ने कहा और बोतल दिनेश के हाथ में थमा दी।

"तुम कभी नहीं पीते ?" दिनेश ने पूछा।

"नहीं।"

"फिर क्या करोगे ? खैर, तुम्हें तो प्रेम का नशा रहता होगा। तुम्हें पीने की क्या जरूरत ? तुम्हारी सरकार सो रही हैं क्या ?"

दिनेश ने कई घूँट गले के नीचे उतार लिये और बोला–"क्यों जी, इस तरह कब तक जिन्दगी चलाओगे ? उससे शादी क्यों नहीं कर लेते ? धनी बाप की अकेली लड़की है। लाख बुरा मानेगा फिर भी अपनी इज्जत-आबरू का ख्याल करके एक-दो लाख बाद में दे ही देगा।"

दो-एक घूँट पीने के बाद दिनेश फिर बोला–"वह क्या कहती है ? जानते हो क्या, जो औरत मुहब्बत पर खेल सकती है वह बहुत दिलेर होती है; और औरतों की दिलेरी खतरनाक होती है। क्योंकि ये जितनी मजबूती से मुहब्बत करती हैं उतनी ही मजबूती से नफरत भी करती हैं।"

"यह तुम बाजारू मुहब्बत की बात कर रहे होगे ?" किशोर ने जैसे कुछ चिढ़कर कहा।

"जी नहीं। यह ऊँची से ऊँची मुहब्बत के लिए भी सच है। हर मुहब्बत का एक आधार होता है, चाहे वह रूप हो चाहे यश, चाहे धन चाहे कुछ और भी। और उस आधार के हटते ही मुहब्बत खत्म हो जाती है। इसलिए मुहब्बत को विवाह के खूँटे से बाँधना बहुत जरूरी है।"

"तुम्हें बहुत जल्दी नशा होता है क्या ? मुझे तुम्हारे उपदेश की जरूरत नहीं है। मुझे कल सूरज निकलने के पहले ही यहाँ से हटना है। इसका सारा इन्तजाम तुम्हें करना होगा।" इतना कहकर किशोर वहाँ से चुपचाप उठा और चला गया।

हरी रोशनी

एक क्षण को विभा के कमरे की बिजली फिर बुझ गयी। इसी बीच राजेश ने मेज पर से सिगरेट उठायी और उसे सुलगाकर फिर लेट गया। पहरेदार का ध्यान अचानक इधर बँट गया।

"तुम बुरा मान गए—पता नहीं क्यों, जी बहुत घबरा रहा है। इस समय मैं तुमसे एक क्षण भी दूर रहने की कल्पना नहीं कर सकती। मैं असहाय हूँ। तुम मुझे सहारा नहीं दोगे तो मैं कहाँ जाऊँगी ? मुझे माफ कर दो। बोलो, बोलो, बुरा तो नहीं मान गए। मैं तुम्हें बहुत तंग करती हूँ न ? तुम मुझे डाँटते क्यों नहीं, मुझ पर बिगड़ते क्यों नहीं ? मेरी हर बात क्यों मान लेते हो ? मेरा क्यों इतना ख्याल रखते हो ? मैं इस लायक नहीं हूँ। ओफ ! तुम कितने अच्छे हो।" विभा ने भर्रायी हुई आवाज में दर्द और स्नेह भरकर कहा।

"यह तुम कैसे समझ सकती हो कि तुम किस लायक हो ? यह मेरे समझने की चीज है। अगर अब भी तुम बोलना बन्द नहीं करोगी तो मुझे तुम्हारे होठों पर अपने होठों की मुहर देनी होगी।" राजेश का धीमा स्वर।

"नहीं—" तुनुक-भरी आवाज।

फिर खामोशी। अथाह, गहरी खामोशी।

कमरा नम्बर दो

किशोर ने कमरे में आकर बिजली जला दी। रतना ने करवट बदली और बोली—"मुझे गहरी नींद आ रही है और तुम पता नहीं रह-रहकर कहाँ चले जाते हो।"

"मैं जरा बाहर गया था, कल सुबह यहाँ से निकल चलने का प्रबन्ध करने।" किशोर ने उत्तर दिया।

"मैं यह सब कुछ नहीं जानती। मुझे अकेले छोड़कर तुम मत जाओ, मेरा जी घबराता है।" रतना ने दुखी स्वर में कहा।

"इस तरह जी के घबराने से काम नहीं चलेगा। तुम्हारे जी के घबराने के हिसाब से अगर काम करूँगा तो सुबह भैया के हाथ पड़ जाऊँगा। और भैया के हाथ पड़ने से मेरी दुर्गत हो जाएगी और तुम्हारा कुछ नहीं होगा। अपने बाबूजी की तुम लाड़ली बेटी हो। वह तुम्हें दुलार-चुमकार कर फिर रख लेंगे। समाज में भी कोई उँगली उठाने की हिम्मत नहीं कर सकेगा। लोग यही समझ-समझा लेंगे कि लड़की अपनी किसी सहेली से मिलने गयी थी। पैसा समाज के नियमों पर हुकूमत करता है। लेकिन हम तो गरीब हैं—हमें तो..." किशोर ने कड़वी जबान में कहा।

"अपनी गरीबी का यह ख्याल पहले क्यों नहीं आया था तुम्हें ?"

"तब मैं यह ख्याल करने को मजबूर नहीं था।"

"अब क्यों मजबूर हो गये, क्या मैंने कर दिया ?"

"नहीं, तुमने नहीं, परिस्थितियों ने।"

"इस एक सप्ताह में कितनी परिस्थितियाँ बदल गयीं ? बाहर से कहीं कुछ नहीं बदला, तुम्हारे मन के भीतर कुछ बदल गया है, बदला हुआ नजर आता है। अच्छा हुआ यह सब अभी से स्पष्ट नजर आ गया। अभी से अगर यह हाल है तो आगे क्या होगा ? तुमने मुझे धोखा दिया है, गहरा धोखा दिया है।" रतना ने कुछ तेज आवाज में सिसक-सिसककर कहा।

"मैंने नहीं, तुम्हारी नजाकत, तुम्हारी अमीरी ने तुम्हें धोखा दिया है।" किशोर ने दृढ़ आवाज में कहा।

"कौन-सी नजाकत उठाने लायक तुमने मुझे रखा है ? कौन-सी अमीरी मैं तुम्हारे साथ भुगत रही हूँ ? दर-दर की ठोकरें खाने के सिवा और क्या हाथ लगा है मेरे ? और मैंने तुमसे क्या पाया है ? तुम्हारा प्यार ? उसकी तो उसी क्षण मौत हो गयी जिस क्षण मैंने तुम्हारे साथ घर से बाहर कदम रक्खा। मेरे लिए अब क्या बचा है—नजाकत-अमीरी—के लिए।" रतना ने सिसक-सिसककर कहा और फूट-फूटकर रो पड़ी।

किशोर ने उठकर खिड़की के दरवाजे बन्द कर दिए, जैसे प्रेम के राज्य में सिसकियों को भी बाहर जाने का आदेश नहीं है।

आवाज धीमी हो गयी और धीमी होती गयी। थोड़ी देर बाद पहरेदार ने देखा कमरे की रोशनी बुझ गयी।

और फिर उस अँधेरे में आगे की आवाज खो गयी।

दूसरी झपकी

पहरेदार की नस-नस में दर्द होने लगा, जोड़-जोड़ उखड़ने लगे। वह बेंच पर औंधा लेट गया। जलते हुए तवे पर पड़ती पानी की बूँद-सा उसे सभी कुछ छनछनाकर उड़ता हुआ-सा प्रतीत होने लगा। उसे हल्की-सी झपकी आ गयी।

"तुम आ गये ?" पहरेदार ने एक सन्तोष की सांस लेते हुए पूछा।

"क्यों, क्या तुम मेरी प्रतीक्षा कर रहे थे ?" काले पंख वाले स्वप्नदूत ने प्रश्न किया।

"हाँ। मैं जानना चाहता हूँ कि मेरी रग-रग में कौन-सा जहर ऐंठ रहा है। मैं क्यों कुछ याद नहीं कर पाता ? मैं सब कुछ भूलता जा रहा हूँ।"

"तुम सत्य के निकट पहुँच रहे हो।"

"क्या तुम्हारे अनुसार सत्य के निकट पहुँचने का अर्थ जीवन से दूर होना है ?"

"हाँ, आज की जिन्दगी का आधार सत्य पर नहीं है।"

"जो जिन्दगी से दूर हटा ले जाय, उस सत्य को लेकर हम क्या करेंगे ?"

"नयी जिन्दगी का निर्माण।"

"तुम भी दर्शन बखानते हो ?"

"हाँ, सपनों का भी एक दर्शन होता है जो नये सत्यों को जन्म देता है।"

"तुम कितने छोटे हो !"

"लेकिन मेरे पास पंख हैं, मुझमें कितनी गति है !"

पहरेदार ने देखा, नंगी डालियों वाले तरु अचानक लहलहा उठे हैं,

फूलों से लद गये हैं। सारी प्रकृति बदल गयी है।

"यह सब क्या कर रहे हो तुम ?"

"तुम स्वयं ही देखो।"

स्वप्न-दर्शन

विभा का एक बड़ा-सा चित्र कोई कन्धों पर लादकर ला रहा है।

"तुम थक गये होगे मोहन। लाओ मैं सहारा दे दूँ।" विभा ने सीढ़ियों पर पहुँचकर कहा।

"नहीं, अपनी कृति का बोझ ढोने में कोई नहीं थकता।"

"मेरा बोझ ढोने में तो थकान लगती थी। तभी उस दिन मुझे नाव में अकेली छोड़कर तुम धार में कूद गए थे।"

"इसलिए कि अपने साथ-साथ उसमें बोझ की थकान की भी कल्पना शामिल थी।" मोहन ने उत्तर दिया।

"मेरे पति बहुत नेक हैं, तुम उनसे मिलोगे ?"

"नेक ? नेक तो तुम भी हो, लेकिन नेक होने के अतिरिक्त भी कहीं कोई ऐसी चीज और होती है जिसे हम प्यार करते हैं। मैं तो नेक भी नहीं हूँ, फिर मुझे तुम क्यों प्यार करती हो ?" मोहन ने पूछा।

"यह मैं नहीं जानती। लेकिन तुम्हें सामने देखकर मैं असहाय हो जाती हूँ। लगता है तुम्हीं वह एक क्षण हो जहाँ मेरी सारी जिन्दगी का सूत्र बँधा हुआ है। जहाँ कुछ न पाकर भी मैं तृप्त रहती हूँ, जहाँ अशक्त होते हुए भी मैं सशक्त अनुभव करती हूँ। जहाँ हर अभाव में भी भरी-पूरी लगती हूँ। जहाँ मैं 'मैं' रह नहीं जाती। मैं कुछ और हो जाती हूँ मोहन, सच मानो तुम्हें देखकर मैं कुछ और हो जाती हूँ, मैं अपने को भीतर-बाहर से पूर्णतया बदला हुआ पाती हूँ। मेरा सारा अतीत जैसे तत्काल मर जाता है और मैं नये सिरे से, जैसे नयी जिन्दगी की सांस लेने लगती हूँ। मैं. ..मैं...कैसे समझाऊँ ?" विभा ने तन्मय होकर कहा।

"मैं समझना ही कहाँ चाहता हूँ ! चलो मेरे घर चलो। मैंने तुम्हारे कुछ और अच्छे चित्र बनाये हैं, चलो तुम्हें दिखाऊँ। तुम्हारे पति रुष्ट

तो नहीं होंगे ?'' मोहन ने पूछा।

''नहीं, और अगर वे रुष्ट होते भी तो क्या तुम समझते हो मैं इस क्षण उनकी परवाह करती ? मुझ पर अब मेरा अपना अधिकार नहीं रहा मोहन। मैं अब अपने वश में कहाँ हूँ ?'' विभा ने आत्मविभोर होकर कहा।

''आओ !'' मोहन ने कहा।

एक छोटी बैलगाड़ी पर विभा और मोहन बैठकर चल दिये। हरे-भरे कछारों की टेढ़ी-मेढ़ी लीकों पर होती हुई बैलगाड़ी चली जा रही है। बैलों की घंटियाँ, टुन-टुन लगातार बज रही हैं। और बैलगाड़ी की लीक की जगह, पथ की नरम मिट्टी में विभा के एक के बाद दूसरे चित्र बनते-छूटते चले जा रहे हैं।

अचानक बैलगाड़ी आँख से ओझल हो गयी। मोहन और विभा फिर नहीं दिखाई दिए।

पहरेदार की झपकी अचानक टूटने लगी। दुनिया हिलती हुई-सी दिखाई दी।

''विभा मोहन के साथ कहाँ चली गयी ?'' पहरेदार ने पूछा।

''जहाँ वह जाना चाहती थी लेकिन जा नहीं सकी थी।'' काले पंखों वाले स्वप्नदूत ने उत्तर दिया और चला गया।

पहरेदार की आँख खुल गयी।

रात, खामोशी और पहरेदार

उस समय दूर कहीं बारह के घण्टे की आवाज आयी। रात नींद में झुक गयी। विद्युत-स्तम्भों का प्रकाश हल्का पड़ गया। परछाइयाँ गहराकर लम्बी हो गयीं।

खामोशी—गहरी खामोशी छा गयी। पेड़ों के पत्तों ने हिलना बन्द कर दिया। दिशाओं ने होंठ सी लिये।

अब पहरेदार अकेला नहीं था। उसने अनुभव किया कोई उसके पास—बहुत पास बैठा हुआ है। लेकिन वह उसे पहचानता ही नहीं, वह

उसे देख नहीं पाता। कोई उससे कुछ कह रहा है, अस्पष्ट स्वरों में कुछ कह रहा है, लेकिन वह सुन नहीं पा रहा है, समझ नहीं पा रहा है। उसे लगा वह होकर भी नहीं है, न होकर भी है।

अपने अस्तित्व के आभास के लिए वह जोर से चिल्लाया—"जागते रहो !" लेकिन कहीं से कोई प्रतिध्वनि नहीं लौटी। वह अपने प्रति सशंकित हो उठा। तभी उसे ताल की ओर से कुछ आहट मालूम दी।

ताल की सीढ़ियों पर

दिनेश पूरी बोतल खाली करके ताल की सीढ़ियों पर पड़ा था। उसकी चेतना की लटें खुल गयी थीं। उसकी जाँघों पर सिर धर वह निश्चिन्त सो रहा था। रतना चुपचाप कमरे से निकलकर उसके पास आ खड़ी हो गयी।

"उठो, सुनते हो, मैं रतना हूँ रतना। उठो तो।"

"क्या है !"

"रात को दो बजे कानपुर कोई एक्सप्रेस जाती है ?"

"रात को दो बजे जाने वाली गाड़ी या तो माल होती है या एक्सप्रेस होती है।"

"मैं यह नहीं पूछती। कोई गाड़ी जाती है या नहीं ?" रतना ने चिढ़कर कहा।

"क्या कीजिएगा यह जानकर ?"

"मैं अभी इसी वक्त यहाँ से जाना चाहती हूँ।"

"उस बेचारे को अकेला छोड़कर... ?"

"वह बेचारा है ?" रतना ने तमककर कहा।

"नहीं, बिल्कुल नहीं सरकार। औरत की आँखों से मुहब्बत का परदा हटते ही आदमी बेचारा कहाँ रह जाता है। आइए, खड़ी क्यों हैं, जरा करीब आकर बैठिए।" दिनेश ने कहा।

रतना पास जाकर बैठ गयी।

"दिनेश, तुम मुझे फौरन यहाँ से हटा ले चलो। जितने रुपये कहोगे

मैं तुम्हें दे दूँगी।'' रतना ने कहा।

''यह तो मैं जानता हूँ। लेकिन रतना, कभी तुमने यह भी सोचा है कि मैं भी आदमी हूँ। मेरी भूख रुपये से ही नहीं बुझ सकती।''

''जो आदमी है उसकी हर भूख स्वीकार की जा सकती है लेकिन जो राक्षस है उसकी... ?''

''हाँ, जो राक्षस है उसकी...यह तो मैं पहले से ही जानता था। एक न एक दिन किशोर को राक्षस होना ही था।''

''फिर क्या कहते हो ?''

''मेरे लिए सब ठीक है। आप हुक्म दीजिए।''

''अभी तुम्हारे मुँह से बू आ रही है।''

''हाँ आने दीजिए। हर सच बोलने वाले आदमी के मुँह से बू आती है।''

''सामान ले आऊँ ?''

''जैसी मरजी, ले आइए।''

रतना चुपचाप दबे पाँव कमरे की ओर चल दी। दिनेश ने बोतल जीभ पर उलट दी। शायद बूँद बच रही हो...

तीसरी झपकी

पहरेदार ने गहरी थकावट महसूस की, जैसे उसके हाथ-पैर की जान निकल गयी हो। उसे जैसे एक झपकी-सी आ गयी क्योंकि उसने देखा, काले पंखों वाले स्वप्नदूत की आकृति स्पष्ट हो गयी।

''तुम इतनी देर से मेरे पास अदृश्य, अस्पष्ट, मौन क्यों बैठे हो ?''

''ताकि जो दृश्य और स्पष्ट है उसकी कीमत आँक सको।''

''यह तमाम प्रकाश, शहनाइयों की आवाज, यह सब क्या है ? किसके लिए है ?'' पहरेदार ने प्रश्न किया।

''तुम स्वयं देखो।'' उत्तर मिला।

स्वप्न-दर्शन

मीलों लम्बा जुलूस। अपार जन-समुदाय। बाजे-गाजे। चमकते हुए प्रकाश के हंडे। सजी हुई सवारियाँ, फूलों से लदी हुई मोटरें। विवाह का जुलूस आ रहा था।

किशोर एक खुली हुई मोटर में दूल्हा बना बैठा था। शहनाइयाँ बज रही थीं। आने-जाने वाले फूल, गुलाब-जल और इत्र बरसा रहे थे। दिनेश शराब पिये, लड़खड़ाता हुआ आगे-आगे चल रहा था। लोग उसे झुक-झुककर प्रणाम कर रहे थे।

बारात रुकी। आरती हुई। गीत हुए। भव्य विशाल भवन के भीतर जो नारियों से खचा-खच भरा हुआ था, किशोर ने प्रवेश किया।

विवाह-मण्डप में रतना वधू-सी सजाकर लायी गयी है। झीने अवगुंठन में उसका मुस्कराता हुआ मुखमण्डल दमक रहा है। भाँवरों के पहले गाँठें बाँधी जा रही हैं। लेकिन गाँठ बार-बार खुल जाती है। सब लोग हैरान हैं, परेशान हैं। किशोर हँस रहा है। फिर बिना गाँठ बाँधे हुए भी भाँवरें पड़ती हैं। चारों ओर से गाती हुई स्त्रियों की भीड़ मण्डप के समीप बढ़ती चली आती है। विवाह-मन्त्रों का उच्चारण हो रहा है। भीड़ बढ़ती चलती आ रही है। रतना एकाएक भीड़ में खो जाती है। किशोर अकेले भाँवरें घूम रहा है।

''लालाजी, मैं आऊँ ?'' स्त्रियों की भीड़ में से चौड़े सुनहरे गोट की साड़ी पहने हुए विभा पूछती है।

''नहीं, भाभी, मैं अकेला ही ठीक हूँ।''

फिर सब कुछ खो जाता है। विभा की गोद में किशोर का सिर है। किशोर सिसकियाँ भर रहा है और विभा समझा रही है।

''लालाजी, तुम घबराते क्यों हो ? मैं तो हूँ ही। मैं आपके भैया से कह दूँगी। उनका जिम्मा मुझ पर है। वे आप से जरा-सा भी कुछ नहीं कहेंगे।'' विभा कह रही है।

किशोर सड़क की पटरियों पर अकेला घूम रहा है। रतना एक नीली ब्यूक गाड़ी में किसी के साथ बातें करती चली जाती है।

अचानक एक रिक्शे पर राजेश और विभा तमाम सामान लादे चले जा रहे हैं। किशोर चिल्लाता है। रिक्शे से विभा का हाथ पकड़कर खींच लेता है। राजेश क्रोध में भरकर घूरता हुआ चला जाता है।

किशोर मजबूती से हाथ पकड़ लेता है। तेज आँधी चल रही है। आँख उठाकर देखता है तो वह रतना का हाथ पकड़े हुए है। विभा, रतना, विभा, रतना! हाथ एक है, लेकिन रह-रहकर आकृतियाँ बदलती जाती हैं। और किशोर चुपचाप चलता जा रहा है।

राजेश की एक भारी आवाज उसे बीच-बीच में सुनाई देती है : 'रतना से विवाह करने के अर्थ हैं किशोर का मेरा सम्बन्ध-विच्छेद।'

अन्तराल

बूढ़े पहरेदार को खाँसी आ गयी। उसकी झपकी अचानक टूटने लगी।

"यह सब क्या है ?" उसने पूछा।

"क्या तुम नहीं समझ पा रहे हो ?"

"नहीं।"

"कुछ लोग ऐसे होते हैं जिनमें शिशुभाव प्रबल रहता है। विभा किशोर के शिशुत्व की तृप्ति है। उसे वह नहीं छोड़ सकता। और रतना से विवाह का अर्थ है भैया को छोड़ना, उसे छोड़ना।"

पहरेदार की आँखें खुल गयीं। उसने देखा, रतना चुपके से एक छोटी अटैची लिये कमरे से बाहर निकल रही है। और किशोर गहरी नींद में सो रहा है ! उसने चाहा कि वह कुछ बोले, उसे टोके, उसे बताये कि यह किशोर के साथ अन्याय है। पर जैसे उसकी जबान लड़खड़ाकर रह गयी।

ताल की सीढ़ियों पर

बूढ़े पहरेदार ने देखा, रतना चुपचाप ताल की सीढ़ियों पर पहुँच गयी।

"उठो, मैं आ गई।"

"सचमुच ? मैं तो समझता था आप मजाक कर रही हैं। प्रेम में कभी ऐसा भी हुआ है ?" दिनेश ने निश्चित-सा उत्तर दिया।

"यह प्रेम नहीं था, थोथा प्रेम था, आकर्षण था।"

"आप बहुत समझदार हैं, देवीजी। आपने बहुत जल्द समझ लिया।" दिनेश ने व्यंग्य किया।

"लेकिन मैं तुमसे यह सब जानना नहीं चाहती।" किंचित् क्रोध में रतना ने कहा।

"लेकिन मैं तो यह सब जताना चाहता हूँ। मैंने आपसे पहले ही कहा था देवी जी, कि मैं भी आदमी हूँ। मुझमें रुपये के अतिरिक्त भी और कोई भूख हो सकती है।"

"मैं उसके लिए तैयार हूँ।" रतना ने दृढ़ स्वर में कहा।

"तो फिर बैठिए, सुनिए।"

"अपनी कीमत बोलो। तुम क्या-क्या चाहते हो, उसकी सूची दो। लेकिन दर्शन मत बको। मुझे अभी इसी क्षण यहाँ से निकल चलना है।" रतना ने क्रोध के आवेश में आकर कहा।

"जो नारीत्व की कीमत लगाने को तैयार है, उससे कीमत बोलना अपने को नीचे गिराना है। मैं अपने को नीचे नहीं गिराना चाहता, देवी जी ! मैं आपको महज इतना बताना चाहता हूँ कि प्रतिकार की भावना से भरी हुई औरत शराब से भी ज्यादा गन्दी होती है। मैं शराबी हूँ, यों ही अधम हूँ, आपसे बोलकर, आपके निकट बैठकर, आपको स्पर्श कर और अधिक गन्दा, अधम नहीं होना चाहता। मुझ पर दया कीजिए और यहाँ से फौरन चली जाइए।" दिनेश ने उपेक्षा-भरे स्वरों में कहा।

"तुम मेरा अपमान कर रहे हो।" रतना फुफकारती हुई बोली।

"जी हाँ, जो प्रेम का अपमान कर सकता है, जो नारीत्व का अपमान कर सकता है, जो एक सरल निश्छल हृदय का अपमान कर सकता है, उसका अपमान करना कोई गुनाह नहीं है, देवी जी।" दिनेश ने व्यथित स्वरों में कहा।

"फिर मैं जा रही हूँ !" रतना ने जैसे चुनौती दी।

"कहाँ, किशोर के पास ? जरूर जाइए, बेचारा सुबह आपको नहीं देखेगा तो पागल हो जाएगा। गरीब को भाई की करुणा चाहिए। सो उसे मिल ही जाएगी। कुछ दिन उसके साथ और भटक लीजिए। फिर तो आपका विवाह होगा। आप दोनों चैन से, आराम से रहेंगे। उस दिन इस शराबी को एक बोतल देना मत भूल जाइएगा। मेरी आपसे इतनी ही प्रार्थना है। जाइए, कहीं वह जाग न जाए।"

रतना क्रोध में भरी, फुफकारती हुई, अटैची लिये वापस लौट गयी और उसने कमरे के भीतर जाकर दरवाजा बन्द कर लिया।

शराब की खाली बोतल

थोड़ी देर के बाद दिनेश उठा। उसने शराब की खाली बोतल उठाई और उसे एकटक थोड़ी देर देखता रहा। फिर घूमता हुआ अपने कमरे की ओर चल पड़ा।

यूकेलिप्टस के पेड़ के नीचे उसने वह बोतल रख दी और खुद पेड़ से टिककर खड़ा हो गया।

"कोई है ?" वह कुछ भारी आवाज में चिल्लाया। उत्तर की प्रतीक्षा किये बिना ही वह बोला—"मैं कहता हूँ, शराब की खाली बोतल में भी नशा होता है। उन खोखले और खाली इंसानों से ज्यादा जिन्हें जिन्दगी में तुम अपना साथी मानते हो। कोई है ? सब सो गये क्या ? अभागे। नहीं जानते कि रात में वे सोते हैं जो जिन्दगी से थक जाते हैं।"

फूलों की इन क्यारियों में
कोई शराब की खाली बोतल
फेंक कर चला गया है
सुनते हैं अब बसन्त ने पीना
बन्द कर दिया है।

वह बड़बड़ाता हुआ अपने कमरे की ओर चला गया।

कमरा नं. ग्यारह

"क्यों म्याँ कामरेड ? सो गये, क्यों ? अरे यह तो बताओ तुम्हारी जनक्रान्ति में कितनी शराब की बोतलें खर्च हुई थीं ?" दिनेश ने कुछ जोर से कमरा नं. ग्यारह के सामने आकर कहा।

आवाज पूरी यात्रीशाला में गूँज उठी।

"तुम यही हिसाब लगा रहे हो क्या ? घबराओ मत। उस अवसर पर तुम्हें खूब पीने को मिलेगी।" भीतर से आवाज आयी।

"सलामत रहो बादशाह ! हम तो उसी दिन का इन्तजार कर रहे हैं। क्यों म्याँ ? यहाँ की शराब पिलाओगे या बोडका वगैरह भी ? सुनते हैं फिर देशी शराब बन्द हो जाएगी। अपनी हौलियाँ नहीं रहेंगे, अपने साकी नहीं रहेंगे। क्या यह सब सच है ?" दिनेश ने थोड़ी लड़खड़ाती हुई जबान में खींच-खींच कर कहा।

"अपने साकी, अपनी ही हौलियाँ रखना, सेठ जी; मना कौन करता है ? लेकिन..."

"ठेका उसी मुलुक का रहेगा...जियो बादशाह !" दिनेश ने हँसकर कहा और अपने कमरे को लौट आया।

गैलरी में पूर्ववत् सन्नाटा छा गया। थोड़ी देर बाद कमरा नं. ग्यारह का दरवाजा खुला। किसी ने झाँककर चारों तरफ देखा। गैलरी की घड़ी से घड़ी मिलाई और फिर दरवाजा बन्द करके भीतर चला गया।

बूढ़े पहरेदार की बेंच पर

बूढ़े पहरेदार को लगा जैसे उसकी बेंच पर कई व्यक्ति आकर बैठ गए हों—वह कस रही हो। वह अन्यमनस्क भाव से उठकर बैठ गया। "यह क्या है ?" वह कुनमुनाया और उसने अपना सिर बेंच की पीठ पर टिका दिया। उसे लगा जैसे उसके सिर में गर्म पानी खौल रहा हो और उसका सारा शरीर अँगीठी-सा सुलग रहा हो।

थोड़ी देर बाद उसे फिर झपकी-सी आ गयी। बेंच पर बैठी हुई

आकृतियाँ स्पष्ट होने लगीं।

"तो ये सब तुम्हारे साथी हैं। बिना मेरी आज्ञा के तुमने सबको इस पर लाकर बिठा दिया है। आखिर मैं कसा जा रहा हूँ। यही हालत रहेगी तो मुझे बेंच आप लोगों के लिए छोड़कर जमीन पर शरण लेनी पड़ेगी।" पहरेदार ने कहा।

काले पंखों वाली आकृति मुसकरायी और आकृतियाँ स्पष्ट होने लगीं।

स्वप्न-दर्शन

वह बेंच चाँदनी में रक्खी हुई है। चारों ओर गहरी खामोशी है। राजेश कमरे का दरवाजा खोलकर चुपचाप निकलता है। दुबली-पतली अत्यन्त गोरे रंग की एक लड़की जो देखने में हिन्दुस्तानी नहीं लगती, मुसकराकर उसका स्वागत करती है। वह किसी भाषा में अत्यन्त मधुर स्वरों में कुछ बोलती है, जिसके बाद उसकी आँखें हर्ष से चमक उठती हैं। वह तंग, कसे हुए कपड़े पहने है जिनमें से उसका उभरा सुडौल शरीर दमक उठता है। राजेश उसे फूल-सा गोद में उठा लेता है और बेंच पर आ बैठता है। वे दोनों खूब हँसते हैं, गाते हैं, कहकहे लगाते हैं। बोतलें खोल-खोलकर पीते हैं और इधर-उधर दौड़ते फिरते हैं। पेड़ों की हरी-हरी डालियों पर उछल-उछल कर बैठ जाते हैं।

समुद्र नीले परदे-सा टँगा है और वे अधनंगे किनारे पर आँखें मीचे पड़े हैं। समुद्र की लहरें तट से टकराती हैं और हर दूसरे क्षण उन पर फुहार बरसा जाती हैं।

एक विशाल जहाज किनारे पर आकर लगता है। वे दोनों उसके डेक पर आलिंगनबद्ध खड़े हैं। बेहद खुशी उनके चेहरे पर झलक रही है। विभा दूर तट पर आँखों में आँसू भरे हुए एकटक उन्हें निहार रही है। वे दोनों उसे देखते हैं, ठठाकर हँसते हैं। जहाज चलने लगता है, दूर होता चला जाता है। वे हँसते रहते हैं। विभा अकेली तट पर हथेलियों में मुँह छिपाये खड़ी रहती है।

अचानक एक डोंगी को वे खेते हुए दिखाई देते हैं। डोंगी अचानक रुक जाती है। विभा के मृत शरीर से, वे देखते हैं, वह फँस गयी है। अचानक एक भँवर आता है। विभा का मृत शरीर, उसमें पकड़कर नाचने लग जाता है और नाचता चला जाता है और राजेश डोंगी में बैठा एकटक उसके अनिन्द्य रूप को निहारता है।

दूसरी ओर...

विभा मोहन के साथ किसी छोटी मैदानी नदी के किनारे आम की घनी छाया में पड़ी हुई है। मोहन पेड़ से टिका स्केच कर रहा है। विभा के माथे पर कुछ लटें खुलकर तेज पुरवाई में उड़ रही हैं। विभा बार-बार उन्हें सँभालती है और मोहन बार-बार चिल्लाता है।

"मैं कहता हूँ उन लटों को वैसे ही उड़ने दो। वे बहुत अच्छी लग रही हैं। उन्हीं को तो मैं कैच कर रहा हूँ और तुम बार-बार डिस्टर्ब कर देती हो। हाँ, ठीक है।" मोहन स्केच की कापी पर झुका हुआ है।

"लेकिन वे मेरी आँखों में चले जाते हैं, मुँह में चले जाते हैं। मुझे बहुत तंग कर रहे हैं। तुम जल्दी करो।" विभा बड़बड़ाती है।

और मोहन जल्दी-जल्दी पेंसिल चलाता हुआ कहता है...

"घबराओ मत। थोड़ी देर बाद वे दूसरों के दिलों में चले जाने लायक हो जाएँगे। फिर उन्हें तंग करेंगे।"

"तुम मुझे छेड़ोगे तो मैं उठ जाऊँगी।" विभा चुनौती देती है।

"तुम उठ जाओगी तो मैं कापी नदी में फेंक दूँगा।" मोहन चुनौती देता है।

"तो चुपचाप क्यों नहीं बनाते ?" विभा समझौता करती है।

"तो चुपचाप क्यों नहीं बैठती ?" मोहन समझौते को स्वीकार करता है।

राजेश, उस गोरी लड़की के बालों में कई रंग के रिबन उलझा रहा है। क्लप में फँसे हुए वे तेजी से लहराते हुए उड़ रहे हैं। वह हँस रहा है।

विभा मोहन के बालों में तरह-तरह के उलटे-सीधे फूल, काँटे, जो कुछ पाती है, खोंस रही है और अन्त में उसके सिर को फूलों का अजायबघर बनाकर शोख मुद्रा में कहती है—"हिलना नहीं, अब मेरी बारी है, मैं तुम्हारा स्केच करूँगी।" और कागज-पेन्सिल लेकर बैठ जाती है।

"लेकिन मेरे सिर में खुजली मच रही है।" मोहन चिल्लाता है।

"डिस्टर्ब मत करो, मैं ऐसे ही कैच करना चाहती हूँ।" विभा नाट्य करती है।

"मैं उठता हूँ !"

"तुम हिले नहीं कि मैं चली जाऊँगी—फिर तुम्हें कोई पोज नहीं दूँगी।" विभा चुनौती देती है।

मोहन आँख बन्द करके, बन्दरों-सा गाल फुलाकर बैठ जाता है।

राजेश, उस गोरी लड़की को आलिंगन में कस लेता है।

विभा, मोहन की जाँघ पर सिर धर आँख मीचकर लेट जाती है।

मोहन, गीत की कोई भूली हुई कड़ी गुनगुनाता है।

अन्तराल

अचानक गहरी खटपट होती है। पहरेदार की झपकी टूटती है।

"घबराओ मत, राजेश और विभा के पार्थिव शरीर कमरे में पास-पास सो रहे हैं।" कहता हुआ स्वप्न टूट जाता है।

पहरेदार की आँख खुलती है। यात्रीशाला में वैसी ही खामोशी है। राजेश और विभा का कमरा भीतर से बन्द है। हरी रोशनी बुझी हुई है। दोनों एक दूसरे से अत्यन्त दूर होते हुए भी एक दूसरे के पास-पास सो रहे हैं।

तारवाला

"सुनते नहीं हो, कब से चिल्ला रहा हूँ। तार है तार। कमरा नं. ग्यारह

में कोई प्रकाश बाबू टिके हुए हैं ?'' तारवाला चिल्लाकर पूछता है।

''मुझे नहीं मालूम; जाओ, आवाज दे लो।'' पहरेदार लड़खड़ाती जबान से कहता है।

''फिर पहरेदारी क्या करते हो ? बूढ़े साले, अफीम के नशे में पड़े मरते रहते हैं। खुदा ऐसों की भी रोजी सलामत रक्खे हुए हैं।'' तारवाला बड़बड़ाता हुआ भीतर गैलरी में चला गया।

बूढ़े पहरेदार के जी में आया कि वह उसके इस कटु सम्भाषण का विरोध करे, लेकिन उसने अपने को इतना अशक्त पाया कि उसके मुख से कोई आवाज नहीं निकली।

वह चुप रह गया। और बैठा-बैठा ही बेंच पर ढुलक गया।

कमरा नं. ग्यारह

प्रकाश गैलरी के उजाले में तार लिये हुए चिन्तित मुद्रा में खड़ा है।

''कामरेड, कामरेड।'' वह बहुत उदासी-भरे स्वरों में पुकारता है।

''क्या हुआ ? लेनिन की कोई बात सोते-सोते याद आ गयी ?'' दूसरी आवाज आती है।

''नहीं भाई, तार आया है, पार्टी आफिस में किसी ने आग लगा दी।''

''तो क्या जन-क्रान्ति की सारी सम्भावनाएँ नष्ट हो गयीं ?''

''मजाक मत करो, मुझे फौरन जाना पड़ेगा। रुपयों का प्रबन्ध करना पड़ेगा, नहीं तो काम सफर करेगा।''

''इसीलिए कहता था बेटा, इंसान को भीतर से बदलने दो, बाहर के बदलने से कोई काम नहीं चलेगा। कल फिर आग लग गयी तो ?'' दूसरी आवाज व्यंग्य भरकर कहती है।

''फिर पार्टी-आफिस बनेगा और यही छोटी-मोटी आग विशाल जन-क्रान्ति की अग्नि को जन्म देगी, कामरेड। लेनिन ने कहा है, हमें हिम्मत नहीं हारनी चाहिए।'' प्रकाश आवेश में उत्तर देता है।

''फिर मुझे सोते से क्यों जगाते हो। जाना चाहते हो जाओ।''

"मुझे कुछ रुपयों की जरूरत है। मेरे पास एक पाई नहीं है।" प्रकाश दुखी स्वरों में कहता है।

"तो, ऐसे में मैं क्या कर सकता हूँ ? इस समय जानते हो मेरे ऊपर खुद का कितना कर्ज है, ऐसी स्थिति में मैं तुम्हारी पार्टी..."

"नहीं, इस समय पार्टी का नाम न लो, मैं व्यक्तिगत हैसियत से तुमसे माँग रहा हूँ और हमेशा की भाँति इसका भी कृतज्ञ रहूँगा।" प्रकाश ने विनय की।

"अच्छा, मुझे आज मालूम हुआ कि पार्टी के अतिरिक्त भी तुम्हारी कोई व्यक्तिगत हैसियत है।" दूसरी आवाज हँसी।

"इस समय मेरी असहाय स्थिति पर तुम मजाक कर सकते हो।" प्रकाश ने अत्यन्त दुखी स्वरों में कहा।

"अरे ! तुम दुखी होते हो। अच्छा-अच्छा, बुरा मत मानो। मजाक-मजाक ही में लेना चाहिए चाहे सत्य ही क्यों न हो। सुनो, तुम दिनेश से कहो। वह तुम्हारी मदद कर देगा। क्या अभी कुछ देर पहले आया था ? नींद में मुझे ऐसा लग रहा था जैसे कोई तुमसे बातें कर रहा है। ठीक है न, अब तुम मुझसे बातें मत करना, मुझे जरा सो लेने दो, सिर में दर्द हो रहा है।" दूसरी आवाज ने उत्तर दिया।

कमरा नं. सात

थोड़ी देर बाद प्रकाश कमरा नं. सात के दरवाजे पर खड़ा था।

"दिनेश, सो गये क्या ?" उसने आवाज दी।

"सो भी गया हूँगा तो तुम्हारी आवाज पर जागना ही पड़ेगा। जननायक हो, आह्वान कोई अनसुना कर सकता है।" दिनेश ने एक गहरी सांस भर कर उत्तर दिया।

"सुनो, मैं एक जरूरी..." प्रकाश ने झिझकते हुए कहा, लेकिन दिनेश बात काट कर बोल पड़ा—"मैं सब जानता हूँ। जानते हो रात में आवाज दूर तक जाती है और दीवारों के भी कान होते हैं, फिर हमारा-तुम्हारा कमरा तो पास ही पास है। तार वाले के शोरगुल ने मुझे

यों ही जगा दिया था।"

"फिर क्या करूँ ?"

"पार्टी आफिस के लिए भी तुम्हें रुपयों की जरूरत होगी। मैं जो कहता हूँ उसे तुम मजाक तो नहीं समझोगे ? बिलकुल सीधा-सरल उपाय है।" दिनेश ने सख्त आवाज में कहा।

"क्या ?" प्रकाश की आवाज काँपी।

"हत्या करोगे ?" दिनेश ने धीरे से लेकिन अत्यन्त दृढ़ आवाज में कहा। "तुम्हारी पार्टी के नियम मार्ग में बाधक तो नहीं पड़ते न ?" उसने फिर जोड़ा।

"लेकिन..." प्रकाश की आवाज धीमी हुई।

"लेकिन क्या ? जो एक सामूहिक रक्तपात करके सर्वहारा राज्य स्थापित कर सकता है, वह सर्वहारा पार्टी के एक दफ्तर के लिए एक व्यक्ति की हत्या नहीं कर सकता ? दुर्बल, कायर ! शीघ्र हाँ या ना में उत्तर दो, तो मैं आगे बात चलाऊँ।"

प्रकाश कुछ देर सोचता रहा फिर दृढ़ आवाज में बोला–"...हाँ।"

"तो ठीक है, लेकिन जल्दी नहीं करनी होगी। कमरा नं. दो में एक पूँजीपति की लड़की है रतना। वह मेरे एक दोस्त की प्रेयसी है। उसके साथ भागी हुई है। उसके पास हजार-बारह सौ के जेवर होंगे ही–और अगर ज्यादा चाहते हो तो अपनी लड़की के लालच में उसका बाप कहीं भी कितने भी रुपये लेकर आ सकता है। समझे ! अब जाओ। चुपचाप सो रहो। मुझसे बिना पूछे कुछ मत करना !" दिनेश ने दृढ़ और संयत आवाज में कहा।

प्रकाश की आँखें चमक उठीं। वह चुपचाप उठा और सिर झुकाए चला गया। उसके चले जाने के बाद दिनेश मुसकराया और सम्पूर्ण घृणा भर कर काँपते हुए होंठों से बुदबुदाया–"नीच !"

बूढ़ा पहरेदार

खाँसी के कारण बूढ़ा पहरेदार फिर उठ कर बैठ गया था। उसे धरती,

आकाश सब तेजी से घूमते हुए लगे, और वह जैसे निस्पन्द, अस्तित्वहीन, टूटी हुई शाख की तरह मँडरा रहा था। दूर तीन का घण्टा बजा। रात के मुर्दे के सिर पर जैसे किसी ने हथौड़े मारे हों। उसकी नस-नस झनझना उठी। उसने चाहा कि वह चीखे पर उसके मुख से आवाज नहीं निकली। उसने चाहा कि अपनी सम्पूर्ण शक्ति से एक बार, अन्तिम बार, इस मरी हुई भयानक रात के कान में चिल्ला सके–'जागते रहो।' वह चिल्लाया, लेकिन नित्य की भाँति खामोशी की अँधेरी चट्टानों से टकराकर कोई प्रतिध्वनि नहीं लौटी। शायद उसके मुख से कोई आवाज नहीं निकली। क्या उसमें स्पन्दन नहीं है, जीवन नहीं है, क्या वह मर चुका है ? उसने सोचा, उसने मस्तिष्क पर जोर दिया। उसकी रगें तनतना कर खिंचीं और टूट गयीं। वह निश्चेष्ट हो गया। उसे लगा जैसे वह किसी बड़ी ऊँची पहाड़ी से ढकेल दिया गया हो और उसकी कराह उसकी हड्डियों को चूर कर बिखर गयी हो। उसका सम्पूर्ण शरीर तेजी से हिलने लगा। कानों पर कोई घण्टे बजाने लगा और फिर अचानक सारी गति रुक गयी, आवाजें निस्पन्द हो गयीं। एक भयावह, टूटी हुई, मुर्दा खामोशी कौंध गयी।

अन्तिम झपकी

काले पंखों वाले स्वप्नदूत की आकृति फिर उसके सामने स्पष्ट हो गयी। उसने उससे पूछा–"मैं कहाँ हूँ ?"

"यात्रीशाला में, अपनी ड्यूटी पर।" उत्तर मिला।

"यह ड्यूटी क्या पेट भरने के ही लिए है ?" पहरेदार ने व्यथित होकर पूछा।

"क्यों ?"

"आखिर मैं क्या कर सका ? किसे जगा सका ? दुनिया की गति में कौन परिवर्तन ला सका ? जिन्दगी-भर जागते रहो, जागते रहो, चिल्लाने के बाद भी, क्या वह यात्रीशाला वैसी ही नहीं है ?"

"है, और शायद रहेगी भी। तुमने अपने धर्म का पालन किया। तुम

उसे बदल नहीं सके लेकिन यह निश्चय जानो कि तुम उसे लुटने से बचा सके हो। तुम्हें 'जागते रहो' चिल्लाते देखकर लुटेरे खुले आम घुसने की हिम्मत नहीं कर सके हैं। तुमने अपना कर्म पूरा किया है।'' काले पंखों वाले स्वप्नदूत ने उत्तर दिया।

''इस बार मैं तुम्हें अपने पास से नहीं जाने दूँगा। देखो मेरे सोचने-समझने की शक्ति नष्ट होती जा रही है। तुम क्या, क्यों, और किसके लिए यह सपनों का बाजार लाए हो, यह मुझे बताते चलो।'' पहरेदार ने कहा और उसने स्वप्नदूत का हाथ कसकर पकड़ लिया।

स्वप्न-दर्शन

कुछ छोटे-छोटे बौने बहुत बड़े-बड़े ताश के पत्ते उठाकर ला रहे हैं। वे सब थके-माँदे और हारे हुए हैं। उनके माथे पर पसीने की बूँदें झलक रही हैं। वे सब गैलरी में घुसते चले जा रहे हैं।

''इन ताश के पत्तों के दूसरी तरफ क्या है ?''

''नौकरी के नियुक्ति-पत्र।''

''किनके लिए हैं ?''

''उनके लिए जो कोने के कमरे में आधी रात तक ताश खेलते और झगड़ते रहे हैं। वे सब बेकार हैं।''

स्वप्नदूत उत्तर देता है। दृश्य हल्का पड़ जाता है।

अपनी उम्दा पोशाकें पहने 'रायल' के बैरे एक के बाद एक खाने के विचित्र-विचित्र सामान लिये गैलरी में घुसते चले जा रहे हैं। प्लेटों, काँटों और चम्मचों की खनक सुनाई देती है, ठहाके लग रहे हैं। भूखे ठहाके नहीं, तृप्ति और सन्तोष के ठहाके। बड़े-बड़े थालों में खाने का सामान आता जा रहा है। बैरे भाग-दौड़ कर रहे हैं।

''यह दावत कैसी है ?''

''कुछ लोग 'रायल' का नाम लेते-लेते भूखे सो गए हैं।''

स्वप्नदूत उत्तर देता है। दृश्य हल्का पड़ जाता है।

अस्तव्यस्त वसनों और शिथिल मुद्राओं में कसे अंगों वाली स्त्रियाँ, सुन्दर वस्त्रों में सजी हुई स्त्रियाँ, नंगी-अधनंगी स्त्रियाँ, आलिंगनबद्ध, हँसती, गाती, प्यासे होंठ बढ़ाती स्त्रियाँ चारों ओर बिखरी हुई हैं, और सिमटकर एक बड़ी लम्बी कतार में यात्रीशाला के भीतर प्रवेश कर रही हैं, कमरों के दरवाजे खोलकर जा रही हैं, भीतर पलंगों पर सो रही हैं, प्रेमालाप कर रही हैं, गा रही हैं।

"यह परियों का जमावड़ा क्यों है ?"

"क्योंकि आदमी ने अपनी इच्छाओं पर नियन्त्रण लगा रक्खा है। उसकी इन्द्रियाँ तृप्त नहीं हैं, ये सभी भूखे हैं, प्यासे हैं, यह उनकी माँग है।"

स्वप्नदूत उत्तर देता है। दृश्य हल्का पड़ जाता है।

सिनेमाहाल, आपेरा हाउस, उड़ते हुए नोट, उम्दा-उम्दा कपड़े, सिली-सिलाई पोशाकें, अच्छी सवारियाँ कीमती सुन्दर मोटरें, तड़कीली-भड़कीली औरतें, सब चली आ रही हैं। एक सन्तोष का शोरगुल, हंगामा है। प्रसन्नता का बाजार लगा हुआ है।

"यह सब किनके लिए है ?"

"उन सबके लिए जिन्हें यह नहीं मिल पाता है।"

"सब बहुत खुश हैं, प्रसन्नता का ज्वार उमड़ रहा है। ऐसा वास्तविक जीवन में उन्हें क्यों नहीं मिलता ? इसका जिम्मेदार कौन है ?"

"आदमी ही। क्योंकि उसने स्वार्थ के, नियमों और बन्धनों के घेरे बना रक्खे हैं।"

स्वप्नदूत उत्तर देता है। दृश्य हल्का पड़ जाता है।

रतना ट्रेन पर बैठी जा रही है। अचानक दिनेश पटरियों पर खड़ा दिखाई देता है। वह ट्रेन को दोनों हाथों से रोककर ढकेलता है, ट्रेन पीछे चलने

लगती है। रतना चिल्लाती है, डरती है, आगे चलने के लिए जोर लगाती है। अचानक उसके पिता गार्ड की शक्ल में दिखाई देते हैं। वह सीटी बजाते हैं। ट्रेन हरहराकर चल पड़ती है। दिनेश का अंग-अंग कट जाता है। एक बहुत बड़ी खाली शराब की बोतल में उसके कटे हुए अंग डब्बे के कोने में रखे हुए हैं। रतना देख रही है, मुसकरा रही है, ट्रेन भागती हुई चली जा रही है।

वह घर पहुँचती है। पिता उसे गले से लगा लेता है। किशोर जेलखाने में बन्द खड़ा दिखाई देता है। उसके कपड़े कैदियों के हैं, उसकी दाढ़ी बढ़ी हुई है। वह कातर दृष्टि से रतना की ओर देखता है।

"अब बोलो ? मैं चाहूँ तो तुम्हें छुड़ा भी सकती हूँ।" रतना गर्व से उसकी ओर देखती है।

किशोर सिर झुका लेता है। उसकी आँखों से आँसू निकलते हैं।

"मेरे रहते हुए तुम रोते हो ?" रतना एक झटके से ताला तोड़ देती है। और किशोर से लिपट जाती है। रतना के पिता आश्चर्य और क्रोध-मिश्रित दृष्टि से देखते हैं।

"मैं किशोर के बिना नहीं रह सकती बाबूजी !" रतना किशोर की छाती से लिपटी हुई रो-रो कर कहती है।

अचानक दृश्य बदल जाता है। बाबूजी हँसते हुए घर-भर में दौड़ रहे हैं। बाजे बज रहे हैं। बाहर बहुत बड़ी दावत हो रही है। हजारों मोटरें खड़ी हैं।

रतना उँगली से मामूली सोने की अँगूठी उतार कर किशोर के ऊपर फेंक देती है और कहती है–"मैं आज के दिन यह मामूली अँगूठी नहीं लेती, मुझे हीरे की अँगूठी दो !"

किशोर जेब से हीरे की अँगूठी निकालकर पहना देता है। वह उम्दा कीमती पोशाक पहने हुए है। रतना उसके गले से लिपट जाती है। किशोर उसे अपनी बाँहों में कस लेता है।

"यह क्या है ? रतना किशोर को प्यार करती है ?"

"हाँ, लेकिन अभी उसके संस्कार बदले नहीं हैं। यह जिस वर्ग की है उसकी यह विशेषता है। उसके ये प्रभुत्व और ऐश्वर्यलिप्सा के संस्कार

देर से बदलेंगे।''

स्वप्नदूत उत्तर देता है। दृश्य हल्का पड़ जाता है।

प्रकाश, एक एकान्त निर्झर के किनारे बैठा छुरे का ताजा खून धो रहा है। निर्झर के नीले जल में लाल वृत्त बनते हैं, नाचते हैं और तेजी से बहते हुए आगे निकल जाते हैं। प्रकाश उनकी शोभा को निरखता है और आत्मविभोर होता है। दूर कोई अस्पष्ट नारी आकृति कूल पर झुकी हुई उन लाल सितारों को उठाती जाती है और एक सफेद कोट पर टाँकती जाती है। फिर बिगुल बजता है, बैंड बजता है, मार्च करती हुई फौजें उसे सलामी देती हैं और वह वहाँ लाल सितारे टँका सफेद कोट पहने अकड़ा हुआ तनकर खड़ा है। लाल झण्डे चारों ओर लहरा रहे हैं। 'क्रान्ति जिन्दाबाद !' के नारे लग रहे हैं।

एक खुली सजी हुई जीप पर वह बैठता है और फौज की सलामी लेता हुआ एक आलीशान बँगले की ओर सरसराता हुआ चला जाता है।

अचानक उसकी जीप उसी निर्झर के किनारे ऊबड़-खाबड़ रास्तों पर चलती हुई दिखाई देती है। वह चौंकता है। जीप रुक जाती है। सामने रतना का रक्तस्नात शव पड़ा है। वह उतरकर गौर से देखता है। शव के होंठ हिल रहे हैं। वह भयभीत हो उठता है। वह फिर दूसरा छुरा मारता है, होंठ और तेजी से हिलने लगते हैं। वह ऊबकर छुरा मारता जाता है, और जितना ही वह छुरा मारता जाता है, होंठ उतनी ही शक्ति से हिलते जाते हैं।

अचानक, दूर पहाड़ी पर खड़ा दिनेश कहकहा मारकर हँसता है और चिल्लाता है—''याद रक्खो, आवाज खत्म कर सकते हो लेकिन ये हिलते होंठ नहीं रोक सकते ! और एक दिन यही हिलते हुए होंठ दूसरी क्रान्ति को जन्म देंगे जिसका आधार करुणा पर, संवेदना पर और मानवता पर होगा। तुम्हारा युग शीघ्र ही समाप्त हो जाएगा।''

प्रकाश काँप उठता है। उसकी आँखों के सामने से सारे दृश्य खो जाते हैं।

"ये कौन हैं ?"

"प्रगति और नयी जिन्दगी के ठेकेदार।"

"ये इतने घृणित क्यों हैं ?"

"क्योंकि इनमें इंसानियत नहीं है।"

स्वप्नदूत ने उत्तर दिया और दृश्य हल्का हो गया।

एक खुली बेंच पर एक ओर विभा और मोहन बैठे हैं, दूसरी ओर राजेश और वह गोरी लड़की। राजेश और विभा एक दूसरे की ओर देखते हैं, लेकिन जैसे पहचानते नहीं।

"इनका वास्तविक वैवाहिक जीवन कितना स्नेह और शान्ति से पूर्ण है ?"

"इसलिए कि ये जिन्दगी के साथ समझौता कर पाने में समर्थ हैं।"

स्वप्नदूत उत्तर देता है। दृश्य हल्का हो जाता है।

अन्तराल

पहरेदार की आँख एक क्षण को खुली। कहीं कुछ नहीं ! यात्रीशाला में पूर्ववत् खामोशी थी। सारे कमरे बन्द थे। विभा, राजेश, रतना, किशोर, प्रकाश सभी अपने-अपने कमरों में चुपचाप सो रहे थे। यद्यपि उन सबकी प्यासी आत्माएँ कहीं और थीं। उसने पूरी शक्ति से आँखें खोलनी चाहीं, पर जैसे उनमें खुली रहने की शक्ति नहीं। वे झँपती जा रही हैं। उसे लगा जैसे उसकी निगाह पथरा रही है। पूरी यात्रीशाला धुँधली होती चली जा रही है। कमरे के दरवाजे सफेद बर्फ-से दिखलाई देने लग गए हैं। फिर सब कुछ धुँधला होकर खो गया। वह अन्तिम बार पूरी शक्ति भर चिल्लाया, 'जागते रहो !' लेकिन इस आवाज की प्रतिध्वनि उसके कानों में नहीं लौटी। वह जैसे संज्ञाशून्य हो गया।

सुबह की आवाज

चिड़ियाँ चहकीं। दूर मुर्गा बोला। चार का घंटा बजा। अँधेरा सिमटने लगा। ताल का सोया हुआ जल जाग उठा। काली अँधेरी परछाईं, ताल की सतह पर रेंगती हुई फिर लौट गयी।

"बाह्य परिस्थितियों के ही बदलने से काम नहीं चलेगा, आदमी को भीतर से भी बदलना पड़ेगा।" एक भारी आवाज।

"नया सबेरा आ रहा है, नयी रोशनी आवेगी, नयी जिन्दगी आवेगी, उसे कोई रोक नहीं सकता।" दूसरी एक परिचित आवाज।

"निश्चय ही ! लेकिन उसका आधार इंसानियत पर होगा, करुणा और संवेदना पर होगा।"

इसके बाद हर आवाज अस्पष्ट होकर खो गयी। सब कुछ स्पन्दनहीन हो गया। काले पंखों वाला स्वप्नदूत उसके सिरहाने बैठ गया।

बूढ़ा पहरेदार

"काफी दिनों तक यात्रीशाला की सेवा की इसने।" एक भोंडी आवाज !

"बुड्ढे ने काफी उम्र पायी थी—आज चल बसा।" एक भारी आवाज।

"रात भर खाँसता रहा।" एक तेज आवाज।

"अच्छी पहरेदारी की। इतना कराहा कि नींद हराम कर दी !" एक भर्रायी हुई आवाज।

"शायद सांस चल रही है।" एक करुणा-भरी आवाज।

"अब क्या बचेगा।" एक दर्द-भरी आवाज।

"तररा, तररा, तररा।" किसी का सीटी बजाते गुनगुनाते निकल जाना।

"बस, खत्म ? मौत भी—" वाक्य जैसे पूरा नहीं किया गया।

उपसंहार

बूढ़े पहरेदार ने देखा–उसकी लाश बेंच के पास जमीन पर पड़ी है। पास बैठा एक कुत्ता मोटी, काली, रूखी रोटियाँ चबा रहा है। नया सबेरा उग रहा है। किशोर और रतना गाड़ी पर बैठ चले गये हैं। विभा और राजेश जाग उठे हैं। कमरे में हरी रोशनी अब भी जल रही है। ताल की सीढ़ियों पर घूमता हुआ दिनेश गुनगुना रहा है...

फूलों की क्यारियों में
रात, शराब की खाली बोतल दफन कर गई है
ताकि नया सबेरा उसे न देख सके।

पागल कुत्तों का मसीहा

वह थक गया था। उसने सड़क के किनारे लगाकर गाड़ी खड़ी कर दी। समीप के एक छोटे पेड़ की छाँह में पैर फैलाकर बैठ गया। कान में लगी हुई बुझी बीड़ी उसने सुलगाकर होठों से कस ली और थकी हुई दृष्टि से आग-सी बरसती हुई चिलचिलाती धूप को देखने लगा।

गाड़ी धूप में खड़ी थी। कठघरे में से एक मरियल कुत्ता जीभ निकाले हाँफता हुआ देख रहा था। उसकी आँखें सुर्ख थीं, भौंहें चढ़ी हुई थीं और मुँह के दोनों कोनों पर फूली हुई झाग थी। वह चुप था। मगर बाहर चारों ओर, मोटे खौरहे, छोटे-बड़े कुत्तों और पिल्लों की जमात कठघरे को घेरकर भौंक रही थी और भौंकती जा रही थी। उसने समीप पड़ी हुई एक कंकड़ी उठाई और खींचकर कुत्तों की ओर फेंकी। वे डर कर पीछे हट गए और वहीं से पैर जमाकर भौंकने लगे। थोड़ी देर बाद उसने दूसरी कंकड़ी उठायी, उसके फेंकते ही कुत्तों की जमात और पीछे भाग गयी और कुछ और दूर पर अपना मोर्चा बाँधकर भौंकने लगी। वह अनायास ही हँसा और हँसते-हँसते लेट गया।

वह क्यों हँसा, वह स्वयं नहीं जानता था। शायद इसलिए कि वह थक गया था। इस कुत्ते के पीछे-पीछे वह मोहल्ले की गली-गली भटकता फिरा था। उसे देखते ही यह बेतहाशा भागता था और इधर-उधर सरक जाता था। लेकिन अन्त में कई घण्टों के बाद, तीनों दीवार से घिर जाने पर इसे उसके फन्दे में आना ही पड़ा था। शायद वह इस पर हँसा था कि गाड़ी में बन्द करते ही, मुहल्ले के बच्चों की एक बड़ी भारी भीड़ ताली बजा-बजाकर चिल्लायी थी। उन्होंने इसका नाम ले-लेकर मुँह

बना-बनाकर, जी भरकर इसे चिढ़ाया था और यह इसी तरह जीभ निकाले चुपचाप उन्हें कठघरे के भीतर से देखता रहा था।

अपनी हँसी का कारण वह ज्यादा सोच नहीं सका, क्योंकि उसकी बीड़ी समाप्त हो चुकी थी। उसने कुत्ते की ओर देखा। उसकी आँखें सुर्ख थीं और भौंहें चढ़ी हुई थीं। कुछ खिला दिया होगा उसको किसी ने, एक परिणाम पर पहुँचकर उसने करवट बदली। सख्त जमीन से उसका बदन दबा, उसकी दुखती हुई रगों को बड़ा आराम मालूम हुआ। एक गीत उसकी जबान पर आ गया, लेकिन ज्यों ही उसने गाने के लिए स्वर साधा, गीत भूल गया। वह बहुत खीझा और इसी खीझ में कुछ बेसुरे ढंग से गुनगुनाने लगा। थोड़ी ही देर में वह इतना तन्मय हो गया कि वह सड़क के किनारे पड़ा है, यह भूल गया।

इसी तन्मयता के क्षण में उसने अपनी जेब में हाथ डाला। क्या वह अपने को भूल नहीं सका था ? क्या वह कहीं चिन्तित है ? जेब में हाथ डालते ही उसने अपने से प्रश्न किया और इसके पहले कि वह इसका कोई उत्तर अपने में खोज सके, उसने चार इकन्नियाँ हथेली पर निकालीं और उन्हें उलट-पुलटकर अपनी जेब में पुनः डाल लिया। एक हल्की-सी हँसी उसे फिर आयी। कुत्ते पकड़ना जैसा आसान काम, ऊपर से यह शाबाशी, यह इनाम। क्या लोगों का दिमाग फिर गया है, या लोग सचमुच इसे बहुत मेहनत का काम समझते हैं ? यदि यह कुत्ता पागल हो गया तो लोग इसे स्वयं ही क्यों नहीं मार डालते ? उन्हें मेरी जरूरत क्यों पड़ती है ? क्या अगर वह न हो तो यह पूरा शहर पागल कुत्तों से भर जाए ? क्या वह बहुत जरूरी आदमी है ? क्या वह बहुत बड़ा आदमी है ? अवश्य, अवश्य, निश्चय ही, उसका एक फर्ज है, शहर के प्रति उसकी एक जिम्मेदारी है ! वह किसी से कम नहीं है, किसी से कम नहीं है, उसके भीतर किसी ने बार-बार दोहराया। उसके जी में आया कि वह इन इकन्नियों को फेंक दे। वह इनका क्या करेगा ? इतने कम पैसों का क्या करेगा ? काश कि उसे और पैसे मिले होते। वह क्या सोच रहा था, क्या सोच गया ? यह वैराग्य लालच में कैसे बदल गया ? यह उसका नकली मन है, असली मन नहीं हो सकता।

उसे अपने बच्चे की याद आयी, बेहद बीमार बच्चे की याद आयी। आज उसे कहीं न कहीं से दवा लेकर जरूर जाना है। वैद्य की, हकीम की, डाक्टर की, कोई भी दवा, कैसी भी दवा। क्योंकि हर दवा दवा है, उसमें कुछ न कुछ असर रहता ही है और उसकी दवा होनी चाहिए, अभी होनी चाहिए, इसी क्षण होनी चाहिए। उसे लगा, जैसे वह तेजी से भाग रहा है, जलती हुई सड़क पर बेहद तेजी से भाग रहा है और घर पहुँचकर, अपने बच्चे को गोद में लेकर, दवा पिला रहा है। उसकी नसों का तनाव एकदम ढीला हो गया, थकान मिट गयी। एक बिजली की-सी फुर्ती उसके अंग-अंग में कौंध गयी। पर वह निचेष्ट पड़ा रहा। ऐसा वह क्यों कर रहा है ? उसने बार-बार चाहा कि वह इस पर न सोचे, यद्यपि उसका हाथ अनायास ही फिर जेब में चला गया था।

काफी देर तक वह इसी स्थिति में पड़ा रहा। पागल कुत्ता उसी तरह कठघरे में बैठा हाँफ रहा था और कुत्तों और पिल्लों की जमात अपना भौंकना खत्म कर, थककर वापस चली गयी थी। सड़क पर आना-जाना कम होता जा रहा था। धूप तेज होती जा रही थी और लू के थपेड़े गर्म होते जा रहे थे।

अचानक एक नीली चमकदार बड़ी-सी कार ठीक उसके पास पटरी से लगकर रुक गयी। उसने देखकर भी नहीं देखा, क्योंकि वह दूसरी ओर करवट बदल चुका था। कुछ देर की खामोशी के बाद जोर से मोटर का हार्न बजा। वह चौंक गया। उसकी दृष्टि अनायास ही मोटर की ओर घूम गयी और तभी उसने देखा, मोटर में से कोई उसे बुला रहा है। वह सहम गया, न जाने किस अज्ञात भय से उसके रोम-रोम खड़े हो गए। वह हकबकाकर भागा।

"इस कुत्ते का तुम क्या करोगे ?" मोटर में बैठे हुए एक भद्दे मोटे आदमी ने पूछा। उसकी समझ में कोई उत्तर नहीं आया। घबराहट में उसके मुँह से इतना ही निकला : "यह कुत्ता पागल है।" और वह सन्तोष की रेखाएँ प्रश्नकर्त्ता के मुख पर खोजने लगा। परन्तु इसके पूर्व कि वह कुछ समझ पाता, उससे दूसरा प्रश्न हुआ : "तुम पागल कुत्तों का क्या करते हो ?"

"मार डालता हूँ।" उसने बहुत भोंडे लेकिन दृढ़ स्वर में कहा और मुक्ति का उपाय सोचने लगा।

"जिसे तुम जिला नहीं सकते हो, उसे मारने का तुम्हें क्या हक है ?" मोटे आदमी ने आराम से बैठते हुए फिर पूछा। उसे यह प्रश्न कुछ अजीब-सा लगा और बात बिल्कुल समझ में नहीं आयी। यदि उस व्यक्ति ने डाँटकर कहा होता तो शायद उसकी समझ में कुछ आया होता, लेकिन यह बच्चों की तरह का पूछना निहायत वाहियात है। उसे हँसी आ गयी। कुछ निश्चिंत होकर गर्व के साथ उसने कहा—"बाबूजी, यह मेरा पेशा है। मैं अगर इन कुत्तों को मार न डालूँ तो इस शहर के सारे लोग पागल हो जायें।" और स्वाभिमान से देखने लगा।

"बिल्कुल गलत। यह कभी नहीं हो सकता। बेवकूफ आदमी ! देखो इस कुत्ते को ले जाकर तुम शहर के बाहर छोड़ देना। समझा ? मारना नहीं। मारना पाप है। भगवान् नाराज होता है। जो पैदा करता है, वही मारता है। तुम इसे नहीं मारोगे।" मोटे आदमी ने किंचित् क्रोध में आकर कहा। उसकी भौंहें चढ़ी हुई थीं और वह घृणा की दृष्टि से देख रहा था।

उसका सर चकरा गया, क्योंकि उसकी समझ में कुछ नहीं आया। तभी उस मोटे आदमी ने अपने भारी बटुए में से एक पाँच रुपए का नोट निकालकर उसकी ओर फेंक दिया। और इसके पहले कि वह उसे उठा पाता, मोटर सरकी और हार्न बजाती दृष्टि से ओझल हो गयी। उसने नोट उठा लिया और उसे हाथ में पकड़े हतबुद्धि-सा खड़ा रहा। उसे धरती पैरों के नीचे से सरकती हुई लगी। 'यह बहुत पुण्य का काम है' नोट फेंकते ही कार की बगल में बैठे एक दूसरे आदमी ने उस मोटे भद्दे आदमी से कहा था, फिर हँसी की आवाज आयी थी, जो मोटर की आवाज में मिलकर खो गयी थी।

एक क्षण में उसे लगा कि उसकी सारी थकान खो गयी है। उसमें स्फूर्ति है, शक्ति है, उत्साह है। धूप हल्की हो गयी है, हवा के थपेड़े अब उतने गर्म नहीं रहे। उसकी हर्ष से चमकती हुई आँखें कठघरे की ओर उठीं। पहली बार उस कुत्ते के प्रति उसने अपने मन में स्नेह का अनुभव

किया और पता नहीं क्यों वह उसके सम्मुख कृतज्ञता के भार से झुक गया। उसने सोचा कि धूप तेज है, उसे गाड़ी छाँह में खड़ी कर देनी चाहिए। कुत्ते की सुर्ख आँखें उसे अच्छी लगीं। वह दया से भर गया। उसे हाँफता देखकर उसने यह भी सोचा कि शायद यह प्यासा है। उसे खुद भी प्यास मालूम हुई। उसने गाड़ी सँभाली और उसे खींचता हुआ सड़क पर आगे बढ़ गया। उसके पैरों में अप्रत्याशित तेजी थी। वह रह-रहकर अपनी गति तेज कर देता था और उसकी गति के साथ-साथ ही गाड़ी की खड़खड़ाहट बढ़ती जाती थी, लेकिन वह झूम-झूमकर चल रहा था।

एक छोटी दुकान के सम्मुख वह रुका। जेब से उसने एक इकन्नी निकालकर दुकानवाले के सामने फेंक दी। दुकानदार ने उसके कहने के अनुसार उसे सौदा दिया। उसने बीड़ियाँ लेकर जेब में डाल लीं और गुड़ का डला लेकर कुछ देर खड़ा सोचता रहा, शायद कुत्ता भूखा हो। उसने थोड़ा-सा गुड़ तोड़कर सबसे पहले कुत्ते को दिया, फिर थोड़ा अपने मुँह में डाल, बाकी जेब में रख लिया। फिर नल से पानी पीकर आगे चल दिया, कुत्ता भी अपना भीगा हुआ मुँह जीभ निकाल-निकालकर आराम से चाट रहा था।

अब उसके मस्तिष्क में तरावट थी और कुत्ते के प्रति अपने इतने अधिक मोह पर उसे लज्जा भी थी। उसके जी में आया कि वह कुछ ऐसा करे कि कुत्ता जोर से चिल्लाए, परन्तु वह तेजी से गाड़ी खींचता चलता रहा। 'पागल कुत्ते को मारना पाप है' उसे उस मोटे आदमी की इस बेतुकी बात पर गुस्सा आया। वह एक भद्दी-सी गाली बुदबुदाया। कई बार उसने उस गाली को दोहराया। 'जो पैदा करता है वह तो मारता है ही, लेकिन जिसे अपने मारे जाने का भय होता है, वह भी मारता है, वह अपनी हिफाजत के लिए मारता है। यह उसका अधिकार है, उसे कोई नहीं रोक सकता।' उसने सोचा। उसे अफसोस हुआ कि यही बात उस समय क्यों नहीं कह सका था। अपने इस निर्णय पर पहुँचकर उसका मन शान्त हो गया।

उसके पैर न जाने क्यों अनायास ही घर की ओर मुड़ने लगे और

वह किसी अदृश्य शक्ति से खिंचता हुआ घर की ओर चल पड़ा। ज्यों-ज्यों वह घर की ओर बढ़ता जाता था, उसे लगता था जैसे उसके दिल की धड़कन तेज होती जा रही है। पता नहीं किस आशंका से वह रह-रह कर काँप उठता था। उसे अपने बीमार बच्चे की याद आयी। वह घबरा उठा। उसके पैरों की गति इतनी तेज हो गयी कि वह लगभग दौड़ने-सा लगा। बच्चे की बात उसे बेहद खली। लेकिन वह दौड़ता जा रहा था, मानो होश-हवास खो चुका हो।

गाड़ी खड़खड़ा रही थी और पागल कुत्ता उसमें उसी तरह शान्त हाँफता हुआ बैठा था।

[2]

घर पर कोहराम मचा हुआ था। लोग रो-पीट रहे थे। दरवाजे पर अच्छी खासी भीड़ थी। वह गाड़ी छोड़कर दौड़ा। नोट उसने जेब से निकालकर मुट्टी में भींच लिया था, जैसे उसका एकमात्र आधार वही हो। दरवाजे पर पहुँचते ही उसने सुना कि लोग उससे डाक्टर बुलाने के लिए कह रहे हैं। वह उल्टे पैर डाक्टर के पास भागा गया। और कुछ देर बाद ड़ाक्टर ने दवा देकर उसे यह आश्वस्त किया कि उसके घबराने की अब कोई बात नहीं रही और बच्चा खतरे से बाहर हो चुका है।

उसी दिन शाम को जब सूरज डूब गया, गली धुएँ से भर गयी और चारों ओर अँधेरा छा गया, वह चुपचाप कुत्ते की गाड़ी के समीप आया। उसे लगा जैसे वह स्वर्ग के किसी मन्दिर के किसी सर्वशक्तिमान देवता के सम्मुख खड़ा है। उसका हृदय भक्ति से भर उठा और भावावेश में उसकी आँखों से कृतज्ञता के आँसू निकल आए। उसके हाथ अपने आप जुड़ गए और उसका सिर झुक गया। वह इसी स्थिति में काफी देर तक खड़ा रहा और कुत्ता चुपचाप कठघरे में बैठा हाँफता रहा। महज अँधेरे में उसकी सुर्ख आँखें चमकती रहीं।

उसे वे तमाम पागल कुत्ते याद आए, जिन्हें उसने अपने इन्हीं हाथों

से पकड़ा था, इसी कठघरे में बन्द किया था और अन्त में मार डाला था। उनकी संख्या का अन्दाज लगाने के लिए आज उसे अपनी उम्र जोड़नी पड़ती, उसके वर्ष और दिनों का हिसाब लगाना पड़ता। क्या वह उन सभी कुत्तों से भिन्न है, उन सभी नगण्य कुत्तों से, जिनकी मृत्यु को विराम लगाना ही उसकी सारी जिन्दगी का पेशा रहा है ? वह क्यों इस तरह श्रद्धा से भर उठा है ? वह क्यों इसका गला घोंटकर घसीटकर शहर के बाहर कूड़े में नहीं फेंक आता ? वह कुत्ते, एक पागल कुत्ते, के सम्मुख इस तरह हाथ जोड़कर क्यों खड़ा हुआ है जिसकी जिन्दगी का हर क्षण अब उसकी दया पर निर्भर है, आज उसी के आश्रय में वह अपने को क्यों इस तरह सौंपने पर विवश है ? क्या वह कुत्तों से भी गया-गुजरा है ? क्या वह अब पागल हो गया है ? क्या वह, अब नहीं है ? नहीं रहा ?

मस्तिष्क के किसी अदृश्य कोने से उठे हुए प्रश्नों के इस ज्वार के सम्मुख वह सहम-सा उठा। उसने घुटने टेक दिए, क्योंकि उसका रोम-रोम सिहर उठा था। उसे लगा जैसे वह यह सोचकर बहुत बड़ा अपराध कर रहा हो। जिसने आज उसके मरते हुए बच्चे के प्राणों की रक्षा की, वह कुत्ता नहीं हो सकता। कैसे हो सकता है ? वह कोई दैवी शक्ति है, जो एक पागल कुत्ते के रूप में आज उसकी सहायता के लिए उसके पास आ गयी है। अन्यथा क्या कहीं कभी ऐसा हुआ है कि किसी साधारण कुत्ते पकड़ने वाले को, एक पागल कुत्ते को न मारने के लिए किसी अनजान व्यक्ति ने आकर रुपए दिए हों और फिर ऐसी अवस्था में ? असम्भव, सारी दुनिया अगर आकर उससे कहे तो भी वह यह मानने को तैयार नहीं होगा कि वह मात्र एक पागल कुत्ता ही है। वह कुछ और है, जिसे वह समझ नहीं सकता। उसे वह मार कैसे सकता है ? वह इतना अकृतज्ञ कैसे हो सकता है ?

उसने गाड़ी सड़क की पटरी पर से हटाकर अपने घर की दीवार के पास लाकर खड़ी कर ली और ऐसा करने के बाद उसे अपार सन्तोष हुआ। एक अतिथि की भाँति उसने उसके स्वागत में घर से रोटी का एक टुकड़ा लाकर दिया और निश्चिन्त होकर बच्चे की तीमारदारी करने

लगा। उसे पहली बार ऐसा लगा, जैसे वह असहाय नहीं है, एकाकी नहीं है, अपितु सब कुछ करने में समर्थ है। ईश्वर की सत्ता का उसने पहली बार अनुभव किया और उसकी उपस्थिति पर उसे विश्वास हुआ। अपने इस विश्वास के परिणामस्वरूप वह उत्साह, उमंग और शक्ति से भर उठा और ज्यों-ज्यों उसके बच्चे की तबीयत सुधरती गयी, उसका यह विश्वास दृढ़ होता गया।

दूसरे दिन बच्चे की तबीयत एकदम ठीक हो जाने पर उसने उस कुत्ते को कठघरे से बाहर निकालकर अपने घर के पास जंजीर से बाँध लिया और उसके गले में फूलों की एक माला भी डाल दी।

उसकी पत्नी को यह बात अच्छी नहीं लगी। उसने इसका कड़े शब्दों में विरोध किया, लेकिन उसका तर्क सुनकर वह चुप हो गयी। अपने बच्चे के नाम पर उसे यह विश्वास भी प्रिय था, इसीलिए उस पागल कुत्ते की दैवी शक्ति को उसने अस्वीकार नहीं किया। उसने स्वयं तो उसकी सुर्ख आँखों में ईश्वरीय झलक नहीं देखी, लेकिन इस आस्था पर उसने आपत्ति नहीं प्रकट की, बल्कि अपने मौन के उपरान्त भी कतिपय व्यवहारों से एक अर्द्ध स्वीकृति-सी दी, जो उस सम्पूर्ण उपासना का एक महत्त्वपूर्ण अंग बन गयी।

उसका घर छोटा था। मेहतरों की उस छोटी गन्दी वीरान-सी बस्ती में सबसे अलग एक कोने पर, मगर आने-जाने के रास्ते में पड़ता था। इसलिए अलग होते हुए भी उसकी सत्ता सबसे बँधी थी। एक छोटी अँधेरी खपरैल की कोठरी, बाहर बाँस के फट्टे के सहारे थमा हुआ टीन का एक सँकरा-सा कामचलाऊ ओसारा, जिसके एक हिस्से में घर का चूल्हा था और दूसरे हिस्से में वह पागल कुत्ता बाँध दिया गया था। हिफाजत के लिए उसकी पत्नी ने कुछ टूटे टीन के कनस्तर और चीड़ के पटरे रखकर एक दीवार-सी खड़ी कर दी थी।

कुत्ता कभी-कभी तो एकदम चुप रहता और कभी-कभी बेतहाशा चिल्लाता, जिससे घर में रहना मुश्किल हो जाता। अधिकांश समय तो वह तथा उसके बच्चे घर में नहीं रहते, फिर भी जितने समय उन्हें रहना पड़ता, उतना ही ऐसी स्थिति में काटना दूभर हो जाता। उसकी स्त्री अब

रोटी सेंकते समय कुत्ते के हिस्से की भी एक छोटी रोटी अलग बना दिया करती और फिर उसे खिलाकर वे खाते। यह क्रम चार-पाँच दिनों तक चलता रहा। किसी दुर्घटना या अमंगल के न होने से वह और प्रसन्न रहने लगा। बच्चा पूर्ण स्वस्थ हो गया और अपनी माँ के साथ आने-जाने लगा। एक दिन उसकी स्त्री ने दबी जबान उससे पूछा : "आखिर देवता कब तक यहाँ बँधे रहेंगे ? पागल हैं, पता नहीं कब किसी तरह से छूट जाएँ और बच्चों को काट लें। आने-जाने वाले भी बचकर और डर-डरकर निकलते हैं, टोकते हैं, लेकिन कुछ कहते नहीं हैं। लेकिन यह ज्यादा दिन तो नहीं चल सकता। भले-चंगे होते तो पले रहते, मगर पागल हैं इसलिए डर लगता है, खतरा पालना अच्छा नहीं।"

उसकी समझ में नहीं आया कि वह क्या उत्तर दे, लेकिन उसे मारने की कल्पना मात्र से ही वह सिहर उठा। कौन जाने उसकी जिन्दगी से ही उसके बच्चे की जिन्दगी बँधी हो ? उसने बहुत सोचा, लेकिन किसी तरह भी अपने बच्चे से अलग करके मात्र एक पागल कुत्ते के रूप में उसे नहीं समझ सका। वह ज्यों-ज्यों सोचता जाता, त्यों-त्यों उलझता जाता और उसे इस जटिल उलझाव के क्षण में उस मोटे आदमी की बात याद आई। उसे कुछ ढाढ़स हुआ, एक आधार मिला और उसने बड़े गम्भीर स्वर में कहा :

"जिसे हम जन्म नहीं दे सकते, उसे मारने का हमें क्या हक है ?"

और फिर विजय-गर्व से निरुत्तर पत्नी के चेहरे की ओर देखने लगा।

थोड़ी देर बाद पत्नी ने कहा : "मत मारो, लेकिन घर के ओसारे से हटाकर, कहीं अलग स्थान कर दो। बच्चे छेड़ते हैं, कहीं भूल-चूक में दाँत लग गए तो क्या होगा ? रोटी बनती ही है, भोग मैं नियम से लगा दिया करूँगी। थान पर वो भी आराम से रहेंगे, मेरा भी हर घड़ी का डर दूर हो जाएगा।"

पत्नी की बात उसकी समझ में आ गयी। बड़ी रात तक वह इस पर सोचता रहा। उसे नींद नहीं आयी। आधी रात जब सारा आलम सो गया, वह दबे पैरों उठा और ओसारे में बँधे कुत्ते के सामने जाकर बैठ

गया। उसने कुछ कहना चाहा, लेकिन उसका मुँह नहीं खुला। कैसे कहे ? क्या कहे ? वह सोचने लगा। और ज्यों-ज्यों वह इस पर सोचता, उसका मानसिक संघर्ष, उथल-पुथल बढ़ता जाता और इस गहन बेचैनी की स्थिति में वह हाथ जोड़कर सर झुका देता। क्या वह स्वार्थी है, आस्थाहीन है, विश्वास रहित है ? वह क्यों उसे हटाना चाहता है ? अपने प्रति और अपनों के प्रति उसमें मोह अधिक है, इसीलिए न ? वह उसे गैर समझता है, सच्चे मन से उसे वह स्वीकार करने में असमर्थ रहा है। नहीं, वह ऐसा नहीं करेगा, कभी नहीं करेगा। वह इतना नीच नहीं होगा। वह उठकर जाने लगा, तभी जैसे किसी ने उसका हाथ पकड़ लिया। वह बैठा रहा। पत्नी की बात उसे सहसा स्मरण हो आयी और बेधने लगी। फिर बहुत ही दबी हुई जबान में हाथ जोड़कर उसने कहा :

"आपको यहाँ तकलीफ होती होगी। छोटा ओसारा है। यदि आज्ञा हो, आपका स्थान खुले में कर दूँ।"

कुत्ता अचानक जोर-जोर से चिल्लाने लगा, वह चुपचाप लौट आया, खाट पर पड़ा रहा और आकाश के सितारों की दैवी ज्योति की ओर एकटक देखता रहा, जिसकी एक झलक उस कुत्ते की आँखों में भी उसने देखी थी। सितारे टिमटिमाते रहे, कुत्ता चिल्लाता रहा, रात बीतती रही, और वह आँख खोले पड़ा रहा।

[3]

दूसरे दिन, आठ-दस घरों की उस बस्ती से जरा अलग हटकर करील के झाड़ के नीचे का स्थान उसने साफ किया। उस स्थान पर छिड़काव किया, गोबरी की, बाँस के फट्टों का एक मजबूत बाड़ा बनाया और उसमें अपने देवता को प्रतिष्ठित किया।

उसकी पत्नी-बच्चे सब बाड़े तक उसे छोड़ने आए। एक नई हँड़िया में पीने के लिए पानी, टीन के तसले में रोटी-दूध आदि रखा गया। सबसे छोटे बच्चे के, जो अब बीमारी से पूर्णतया स्वस्थ हो गया था, हाथ से

छुआकर गेंदे के फूलों की एक माला उसने एक छड़ी की सहायता से उसके गले में लपेट दी, माथे पर रोली-सिन्दूर डाल दिया। बाड़े के ऊपर निकले हुए एक फट्टे में एक कोरा टूली रंग का कपड़ा भी बाँध दिया। और इस प्रकार उसके देवता का झण्डा लहराने लगा।

बाकी घरों के लोग, मेहतर-मेहतरानियाँ, उनके बच्चे, दूर से ही एक विचित्र कौतूहल की दृष्टि से देखते रहे। वे हँसना चाहते थे, लेकिन जाने कौन-सी आशंका उन्हें हँसने नहीं देती थी। उसकी असीम श्रद्धा से वे त्रस्त थे और अपना कर्त्तव्य निश्चित नहीं कर पा रहे थे।

आस्था, आस्था को जन्म देती है। सबके भीतर कहीं गहन पीड़ा है, सब कोई वरदहस्त चाहते हैं। इसलिए जहाँ एक माथा टेकता है, वहाँ सभी माथा टेकने लगते हैं, जहाँ एक फूल चढ़ाता है, वहाँ सभी अपनी अंजलि रिक्त कर देते हैं। उसकी श्रद्धा ने सभी की आँखों में श्रद्धा की ज्योति जगा दी। फिर यह ज्योति प्रगाढ़ होती गयी—उज्ज्वल, उज्ज्वलतर, और उज्ज्वल।

भोर का सूरज आकाश में चढ़ने लगा, क्षण-क्षण आलोक निखरने लगा। उसने यह आलोक अपनी अंजलि में भरा और मस्तक से लगा लिया, अधरों से लगा लिया, अधरों से पान किया और दैवी तृप्ति से भर उठा। वह हाथ जोड़, सूरज के सामने खड़ा था। "ओ जमीन और आसमान के मालिक ! ओ घट-घटव्यापी ! तुम जिस सूरत में भी मेरे सामने हो, वह मुझे मंजूर है। मैं उसका दास हूँ। उसके सामने शीश झुकाता हूँ।" उसने शीश झुकाया और पत्नी और बच्चों के साथ घर की ओर मुड़ गया। कुत्ता जोर-जोर से भौंकने लगा। कुछ दूर जाने के बाद वह फिर लौट पड़ा। भोर का प्रकाश आज कुछ और निर्मल लग रहा था। हवा का स्पर्श कुछ और शीतल था। जाने कैसी पावन ज्योति चारों ओर झर रही थी। दिशाएँ भरी-भरी-सी थीं। कहीं कोई रिक्तता, एकान्त सूनेपन का भाव नहीं था। एक क्षण में ही जैसे सब कुछ सम्पूर्ण हो गया था, अलौकिक कान्ति से परिपूर्ण। उसने अंजलि में भरकर रास्ते की धूल उठायी और उसे बहुत देर तक देखता रहा।

वह डगर में बैठ गया। कुत्ता बाड़े से सटकर खड़ा भौंक रहा था

और रह-रहकर बाँस के फट्टों को काटता था, पंजों से उन्हें खुरचता था, सुर्ख हिंसक दृष्टि से देखता था और फिर गुर्राता था, गरजता था, आकाश की ओर शीश उठाकर जोर-जोर से चिल्लाता था।

दूर-दूर तक ऊबड़-खाबड़ भूमि पर करील के जंगल थे, एक हल्की हरियाली थी, जो नित्य जैसी नहीं थी। यह हरियाली उसे पहली बार इस धरती पर दिखाई दी थी, जो उसे न जाने कहाँ खींचे ले जा रही थी, न जाने कैसी शान्ति से भर रही थी। वह देखता रहा एकटक, निर्विकल्प भाव से देखता रहा।

"देवता का नाम क्या रखा है ?" पड़ोसी दर्शक स्त्री ने सहज भक्ति से गद्गद स्वरों में पूछा।

"बौरहा भगवान," उसने कहीं अनिर्दिष्ट की ओर देखते हुए उत्तर दिया।

स्त्री ने हाथ जोड़े, सर झुकाया, आँचल उठाकर माथे से लगाया और बोली : "बने रहें। सबका कल्याण करें। सबका बेड़ा पार करें।"

"जो माँगना हो, माँग ले विपती। सच्चे मन से माँगेगी, मिलेगा।" उसने दृढ़ और दयार्द्र स्वर में कहा।

विपती हँस दी। उसकी आँखों में कृतज्ञता का एक धूमिल कुहासा था।

"मुझे कुछ नहीं माँगना दीनू। सबको बनाए रहें। टोला फले-फूले।"

"तुझे भरोसा नहीं है न, इसी से हँसती है। भगवान किसी भी भेष में मिल सकते हैं। बौरहा सही। मैं कहता हूँ विपती, जिसने हमारा घर उजड़ने से बचाया, वही मेरे लिए भगवान है ना। तूने तो सब कुछ देखा है। भला बता, ऐसा कभी सुना भी था ?"

विपती कुछ नहीं बोली। उसकी आँखों के कुहासे से यह स्पष्ट था कि वह विश्वास करती है। जिनके नाम के साथ भगवान जुड़ा हो, उस पर अविश्वास करके उसे क्या नरक का भी ठिकाना खोना है ? वह सरल स्वीकार की दृष्टि से देखती रही।

"कैसा लगता है ?"

"अच्छा है। मंगल को थान मैं लीप दिया करूँगी।"

“मैं तो घर के ओसारे में ही रखना चाहता था, पर तेरी भौजाई नहीं मानी।”

“यहाँ ठीक है। थान घर से दूर ही रहना चाहिए। तू जब काम पे रहेगा तो खाना-पानी मैं भी देख लिया करूँगी।”

“मन पटे तो जरूर देखना। भगवान से सच्चा मन नहीं छिपता।”

“मुझे भगवान को नहीं दिखाना है। तेरा काम है करूँगी। तू मानता है तो मैं भी मानती हूँ।”

वह भी राह में बैठ गयी। हाथ से धूल समतल करने लगी। वह चुपचाप खोया-खोया-सा देखता रहा। कुत्ता उसी प्रकार बाड़े से सटकर खड़ा था और दाँत से फट्टे काट रहा था। दैवी आलोक झर रहा था।

[4]

साँझ को अँधेरा छाते ही उसके कथनानुसार उसकी घरवाली चुपचाप थान पर दीप जलाकर रख गयी। बाद में वह आया और एकान्त के उस घने अन्धकार में खड़ा होकर चुपचाप दीपक की हल्की रोशनी देखता रहा। कुत्ते ने अपने पंजों से तमाम जमीन खोद डाली थी और फट्टे नोच दिए थे। खाना-पानी सब वैसे ही पड़ा था और वह बहुत ही असहाय और दुर्बल दिखाई दे रहा था। उसने पास जाकर पुचकारा, लेकिन वह कुछ बोला नहीं, चुपचाप जीभ निकाले हाँफता रहा।

इस बन्धन से मौत क्या अच्छी नहीं है ? तुम मार नहीं सकते, लेकिन बन्धन में ही कैसे रख सकते हो ? यह अधिकार तुम्हें कैसे है ? मोटे आदमी ने कहा था, इसे शहर से बाहर ले जाकर छोड़ देना। वह उसे क्यों बाँधे हुए है ? क्या उसके प्रति उसकी सारी ममता, मोह किसी स्वार्थ के ही कारण नहीं है ? गुलाम बनकर रखने की ममता से क्या मार डालने का निर्मोह बेहतर नहीं है ? कुछ इससे मिलते-जुलते अनेक प्रश्न उसके मस्तिष्क में उठे और वह और बेचैन हो गया। उसने बहुत सोचा लेकिन कोई जवाब समझ में नहीं आया। यात्रियों से भरी किसी

डूबती हुई नाव-सी प्रश्नों की सारी चीख-पुकार अन्त में खोने लगी, खो गयी। केवल बेचैनी, अथाह बेचैनी फैली रही। वह घबरा उठा। चारों ओर का वह एकान्त प्रसार जैसे सिकुड़कर छोटा हो गया। वह जाने किस चीज से घिर गया। कोई उसे दबाने लगा। उसकी पसलियाँ टूटने लगीं। चारों ओर उसे अनगिनत मरे हुए कुत्तों की लटकी हुई जीभें दिखाई देने लगीं; उलटी हुई मृत पुतलियाँ चारों ओर टँग गयीं, रेंगती हुई पास आने लगीं।

उन तमाम पागल कुत्तों के, मौत के साथ जिन्दगी के अन्तिम घड़ी के करुण संघर्ष से वह लिपट गया। उसे हर ओर एक पीड़ामय अथाह विवश अन्तिम घड़ी के संघर्ष का ज्वार उठता दिखाई दिया और वह एक के बाद एक, दम तोड़ती सांसों के काले, भूरे, सफेद भँवरों में फँसने लगा, घूमने लगा, चक्कर खाने लगा और मुक्ति के लिए छटपटाने लगा। उसके पैर तेजी से बढ़ने लगे और वह करील के जंगल की अँधेरी पगडंडी पर चलने लगा, तेजी से चलने लगा...जैसे वह किसी बढ़ी हुई नदी को डूबते हुए भी हाथ-पैर मारकर बेहोश-सा पार करता जा रहा हो। वह दूर—बहुत दूर निकल गया। उसने दोनों हाथों से अपनी गरदन पकड़ रखी थी। उसने शायद अपनी ही गदरन दबाई थी, क्योंकि नसें दर्द करने लग गयी थीं। सामने एक बहुत बड़ी चट्टान आ जाने के कारण वह रुक गया और पीठ टेककर खड़ा हो गया।

''तूने यह क्या ढोंग शुरू किया है ? पागल कुत्ते को लेकर तू क्या कोई मन्दिर बना लेगा और पुजारी होकर उसकी दौलत उड़ाएगा ? कुत्ता, कुत्ता ही है। जब तक काम का है, तेरा है; जब पागल हो गया, काम का नहीं रहा; उलटकर तेरा ही नुकसान करने लगे तब तेरा नहीं है, किसी का नहीं है। तब उसे मार डालना ही धर्म है। तेरे दिमाग पर अगर कोई भूत चढ़ गया हो तो उसका इलाज करवा और अगर तेरा दिमाग फिर गया है, तू पागल हो गया है, तो चल तुझे भी उसी तरह बाँधकर डाल दिया जाए, जैसे तूने उस कुत्ते को डाल रखा है।'' छोटे इंस्पेक्टर ने उसे थोड़ा स्नेह से, थोड़ा नाराज होकर झिड़का था। उसके शब्द उस समय फिर साफ-साफ सुनाई देने लगे, उसे फिर मथने लगे।

''लेकिन साहिब, जिसे मैं पैदा नहीं कर सकता, उसे मार कैसे

सकता हूँ ?" उसने अपना रटा हुआ दर्शन इंस्पेक्टर के सामने भी दोहराया था।

"लेकिन जिसे तू अपने आराम के लिए पालता है, उसे कष्ट का कारण होते देखकर हटा भी सकता है और यदि वह सारे समाज की तबाही का कारण हो तो उसे मार भी सकता है, मारना चाहिए। तू अगर पागल हो जाए और दूसरों की जान लेने लगे, तो क्या तुझे यों ही छोड़ दिया जाएगा ? मैं तुझे बाँधकर नहीं रखूँगा, गोली से उड़ा दूँगा।" छोटे इंस्पेक्टर ने कहा था। छोटे इंस्पेक्टर की यह सारी बात उसे बड़ी तेज आवाज में सुनाई दे रही थी।

और अन्त में उसे बड़े इंस्पेक्टर की बात याद आई और वह तेज हवा में एक पत्ते-सा काँपने लगा।

"यदि इसका दिमाग खराब हो गया है तो इसे नौकरी से हटा दो। यह पागल कुत्ता बाँधकर रख सकता है, मैं पागल इंसान बाँधकर नहीं रख सकता। हमें काम लायक जरूरी आदमी चाहिए।"

और अब उसे निर्णय लेना है। पागल कुत्ता बाँधकर रखने के अर्थ हैं बड़े इंस्पेक्टर के लिए पागल। फिर वह क्या करे ? नौकरी छोड़ दे ? लेकिन वह भी, जिसे उसने देवता-सा रखा है, दुखी है, दुर्बल है, खाता-पीता नहीं, मुक्त होने के लिए छटपटाता है। और उसकी स्त्री दीप जलाकर रख गयी है। लेकिन दोपहर से उससे बोलती नहीं।

वह तनकर खड़ा हो गया, आँधी में उखड़ते हुए वृक्ष की तरह कहीं बहुत गहरे धरती को अपनी जड़ों से पकड़ने का अन्तिम प्रयास करता हुआ।

"तुम क्या कहती हो विपती ?" उसने पूछा था।

विपती हँस दी थी।

"मैं क्या कहूँ ? तुम आदमी की जात आज देवता मानते हो; कल क्या मानोगे, कौन जाने ? मैं बीच में नहीं पड़ती।"

विपती की बात याद आते ही वह फिर तिलमिला उठा, "जिसे देवता माना है, उसे निभाऊँगा। मैं उसे नहीं मारूँगा।"

विपती फिर हँसी थी और उसकी इस हँसी ने उसे अपने इस कथन

से और मजबूती से बाँध दिया था।

“निभाने की बात जाने दे। जो ठीक है, वह कर।”

“जिसे जितना माना है, उतना निभाया है; जितना मानूँगा, उतना निभाऊँगा।” उसने छाती फुलाकर कहा था और इसे याद कर उसने चट्टान से अपनी पीठ हटा ली।

तीस वर्षीय सुन्दर साँवली विपती यह सुनकर कहीं पीछे, बहुत पीछे लौट गयी थी और जाने किस अथाह गहराई में डूब गई थी, खो गई थी।

उसकी खोई हुई मुखाकृति उसकी आँखों के सामने खिंच गयी और वह इस गहन मन्थन से कुछ ऊपर उठकर जैसे निश्चय भरे कदमों से फिर उस अँधेरी पगडंडी से लौटने लगा।

“वह तभी तक तेरा है, जब तक काम का है; जब काम का नहीं रहा, उल्टा नुकसान करने लगा तब वह तेरा नहीं है, किसी का भी नहीं है। उसे मिटा देना धर्म है।” उसे छोटे इंस्पेक्टर की आवाज फिर सुनाई दी।

“तू पागल कुत्ता बाँधकर रख सकता है, लेकिन मैं पागल इंसान बाँधकर नहीं रख सकता।”

वह हँसा, जोर से हँसा और तेजी से लौटने लगा।

[5]

कुत्ते के बाड़े के पास आकर वह रुक गया। तेल कम होने से दीप बुझ गया था। घना अँधेरा था। कुत्ता बाड़े में चारों ओर चक्कर काट रहा था। बाड़े की दीवार को जैसे वह अनन्त दीवार समझ रहा हो और उसे आशा हो कि कहीं न कहीं उसे मार्ग मिल जाएगा और वह इस कारा से मुक्त हो सकेगा। बेहद थक जाने के कारण वह बाड़े के पास धूल में बैठ गया और कन्धे का अँगोछा बिछाकर लेट गया। घने अन्धकार में उसे लगा, जैसे कोई उसके पास आकर खड़ा हो गया हो। एक काली

आकृति-सी उसे पास ही में हिलती दिखाई दी।

"विपती !"

आकृति बोली नहीं।

"मैं जानता हूँ तुम कौन हो। मैं पहचान गया। भरोसा रखो। तुम किसी काम के नहीं, बिल्कुल बेकार सही। सारी दुनिया के लिए तुम खतरनाक हो। सबको नुकसान पहुँचा सकते हो। सब तुमसे डरते हैं। पर मैं तुम्हें मारूँगा नहीं। मेरे बच्चे के प्राणों की रक्षा तुमने की है, मैं तुम्हारे प्राणों की रक्षा करूँगा।"

आकृति जैसे फिर हिली।

"तुम्हें यकीन नहीं होता। सोचते हो, दीनू डिग जाएगा, इतना विरोध नहीं सह सकेगा। तुमने मेरी परीक्षा लेने के लिए कुत्ते का शरीर धारण किया। लेकिन उसकी आँखों में ही मैंने तुम्हारी जोति देख ली। मैं तुम्हारी शक्ति पहचानता हूँ। मैं क्या करूँ ? इस दुनिया की रीति ही ऐसी है। जिसका काम खत्म हो जाता है, लोग उसे भूल जाते हैं। दुनिया उसकी है जो काम का है, जो काम का नहीं है दुनिया उसकी नहीं है।"

आकृति कुछ और हिली और समीप आ गयी।

"देखो, मैं ज्यादा समझा नहीं सकता, क्योंकि ज्यादा समझता नहीं। तुम पागल हो, समाज-विरोधी हो, उसे नुकसान पहुँचा सकते हो, उसके लिए बुरे हो। मेरा पेशा है समाज को तुमसे बचाना। तुम्हें पकड़ना। तुम्हारा सफाया करना। मैं अपना काम करूँगा। यद्यपि अब तुम्हें मारूँगा नहीं, तुम्हें अपनी मौत मरने के लिए छोड़ दूँगा। पागल कुत्ता बहुत दिन नहीं जीता, तुम बहुत दिन जिओगे नहीं, यह मैं जानता हूँ। यह तुम भी जानते होगे।"

आकृति कुछ और पास आ गयी।

"तुम मुक्ति चाहते हो। मैं तुम्हें मुक्त करूँगा। मुक्त रहने का तुम्हें हक भी है, लेकिन समाज में नहीं। दूर, दूर तुम्हें मुक्त छोड़ दूँगा, जहाँ तुम समाज को नुकसान न पहुँचा सको। तब तक जिओ जब तक तुम्हारी जिन्दगी है और जब जिन्दगी पूरी हो जाए, मौत को स्वीकार करो। इतनी बड़ी धरती के ऊपर अपनी मिट्टी छोड़कर चले जाओ।"

सहसा वह काली आकृति बिल्कुल पास आकर उस पर झुकी और तिरोहित हो गयी। उसने एक दीर्घ निःश्वास ली।

"यहाँ क्यों पड़े हो ? क्या सोच रहे हो ?" विपती ने पूछा।

दीनू कुछ बोला नहीं।

"मेरे कहे का तो बुरा नहीं मान गए। तू निभा सकता है, यह मैं जानती हूँ। मुझे तुझ पर भरोसा है। इसी भरोसे पर जी रही हूँ। नहीं तो मेरा कौन है। लेकिन कायदे से निभा। घर-द्वार, बाल-बच्चों को भी देख। वे तेरे आश्रित हैं।"

"यही मैं भी सोच रहा हूँ विपती। एक काम करेगी ?"

"बोल।"

"घर के पास गाड़ी खड़ी है—कुत्ते वाली गाड़ी, उसे यहाँ ठेल ला। मैं इस कुत्ते को दूर, शहर से बहुत दूर ले जाकर पहाड़ियों में छोड़ आऊँगा। सुबह तक वापस लौट आऊँगा। देख, किसी से कुछ कहना नहीं।"

"मैं क्यों कहूँगी।"

"फिर जा, सोचती क्या है !"

"कुछ नहीं। अपने प्यार को दूर पहाड़ियों में छोड़ आने की बात भी... ।"

कुत्ता जोर से चिल्लाया। विपती की बात बीच में कट गयी। फिर वह चुपचाप उठकर चली गयी।

"प्यार ?" दीनू हँसा। "प्यार भी जैसे कुत्ता है, वफादार कुत्ता, पीछे-पीछे लगा रहता है। फिर पागल हो जाता है।" प्यार की उपमा कुत्ते से बैठाकर दीनू और जोर से हँसा। फिर उसे भी पागल कुत्ते पकड़ने वाले पकड़कर मार डालते हैं, कहते हैं यह समाज के लिए अहितकर था। प्यार की मिसाल पागल कुत्ते से कैसी बैठती है ! वाह ! वह हँसता गया। खूब हँसता गया। यहाँ तक कि उठकर बैठ गया। उसकी आँख भर आयी। वह आँखें मलने लगा।

विपती गाड़ी लेकर आ गयी थी। वह कुछ देर उसे देखता रहा। विपती ने उसे अपनी ओर देखते देख, मुँह दूसरी ओर फिरा लिया।

"उधर क्या देख रही है ?" उसने पूछा।

“तेरी पहाड़ियाँ।” विपती हँस दी।

“मेरी नहीं, बौरहा भगवान की पहाड़ियाँ। प्यार बौरहा होता है न।”

उसने कुत्ते को गाड़ी में बन्द किया।

बोला—“अब मैं जाता हूँ। सुबह पौ फटने के पहले ही आ जाऊँगा। इधर देख। अरे, तू रो क्यों रही है ?”

विपती सिसकियाँ भरने लगी थी। बड़ी कठिनाई से रुलाई को बाँध कर बोली—“कुछ नहीं। थान यहीं रहता तो मंगल को मैं लीप दिया करती। पर तुझे रुचा नहीं। जा, अब देर मत कर।”

“मैं तो चाहता था, थान घर में ही रहता, पर तेरी भौजाई को मंजूर नहीं था। फिर यहाँ दूर लाकर रखा तो भी सबकी आँखों में गड़ता था। इंस्पेक्टर ने क्या-क्या नहीं कहा। अब पहाड़ियों को छोड़ और कोई आश्रय नहीं। तू किसी से कहना नहीं। मैं भी किसी से नहीं कहूँगा। लोग समझेंगे, इसने गला घोंट दिया, मार डाला, समझी ?”

“मुझे कुछ नहीं समझना है। बस मैं जबान नहीं खोलूँगी, इतना जानती हूँ। अब जा तू।”

उसने गाड़ी घुमाई और अँधेरे रास्ते पर बढ़ गया। विपती गाड़ी के साथ अपने घर से एक छोटी लालटेन भी जला लाई थी। वह गाड़ी में लटकी लालटेन को बहुत देर तक देखती रही, यहाँ तक कि दीनू और गाड़ी के साथ वह भी अन्धकार में ओझल हो गई।

कुत्ते का बाड़ा अब सूना था। एक तरफ के फट्टे दीनू ने तोड़ दिए थे। “ऐसे ही मुँह खुल जाता है और चोला पड़ा रह जाता है।” विपती ने आँख बाड़े पर से हटा लीं और उसे आँचल से पोंछती हुई अँधेरे में टोले की ओर चली गई।

[6]

तीन ओर पहाड़ियों की सीधी खड़ी बड़ी-बड़ी चट्टानें थीं और एक ओर गहरा खड्ड जिसमें बरसात का जल भरा था, बीच में काफी खुली हुई

ऊबड़-खाबड़ जमीन थी। कुत्ते को उसमें छोड़, वहाँ तक पहुँचने के सँकरे रास्ते को उसने पत्थरों से चुन दिया। उस समय रात का पिछला पहर था। अधूरा चाँद निकल आया था। लालटेन दूर रख, वह एक बड़ी चट्टान पर चढ़ गया और लेट गया। सिर लटकाकर जो नीचे देखा, तो उस खुले स्थान में कुत्ते की एक हल्की छाया दिखाई दे रही थी। कुत्ता तेजी से दौड़-दौड़कर चारों ओर उस खुले स्थान में चक्कर काट रहा था, जैसे परिक्रमा कर रहा हो।

"अब तुम प्रसन्न हो ?"

"यह स्वाधीनता नहीं है। तुम अब भी मुक्त नहीं हो। अन्तर इतना ही है कि अब तुम्हारे विचरने के लिए भूमि काफी बड़ी है, यद्यपि इस भूमि के चारों ओर भी रोक है। यहाँ भी तुम दीवारों में कैद हो।" वह मन ही मन बहुत हँसा। "यहाँ तुम्हें प्यास लगने पर पानी मिलेगा। लेकिन एक बड़े खड्ड का। और भूख लगने पर ? उससे खाना माँगना जिसने तुम्हें जीवन दिया है और जो तुम्हें मृत्यु देगा। तुम्हें मुक्त कर मैं मुक्त हूँ। मुक्त होने वाले से मुक्त करने वाले को अधिक सुख मिलता है। मैं बहुत प्रसन्न हूँ, बहुत, तुमसे अधिक सुखी हूँ।" उसने करवट बदली। छोटे-से खड्ड में सम्पूर्ण विस्तृत आकाश खिंचा हुआ था, क्योंकि उसमें जल था। उसके मन में भी इस फैले हुए आकाश के चाँद-तारों से भी अधिक न जाने कितने सुन्दर रसमय भाव थे। क्योंकि उसने दूसरे की पीड़ा समझी थी, उसे मुक्त किया था; उसके मन में प्यार था।

"अब तुम प्रसन्न हो ?" वह फिर चिल्लाया। और अपनी ही प्रतिध्वनि को जैसे उत्तर देता हुआ बोला—"हाँ, मैं प्रसन्न हूँ।"

वह धीरे से उठा। थकान से उसकी नसें चट-चट बोलने लगीं। उसके जी में आया कि इसी तरह एक गति में बोलती रहें जिससे कि वह इस थकान को भी संगीत बना सके।

"क्यों, मैं तुम्हारी पूजा का गीत गा सकता हूँ ?" उसने चिल्लाकर पूछा और फिर जो गीत गाने लगा, वह पूजा का नहीं था, प्यार का था, जिसे विपती अक्सर गुनगुनाया करती थी। जिसका अर्थ था—"तुम्हारे प्यार के बिना मन मेरा सूखा ताल है, जिसके कीचड़ में दादुर लोटते हैं।"

यह गीत गुनगुनाते हुए वह चट्टान से नीचे उतरा और नन्ही-सी लालटेन गाड़ी में टाँगकर हुमचता हुआ चलने लगा, क्योंकि वह बहुत थक गया था, क्योंकि वह बहुत प्रसन्न था, क्योंकि उसने किसी को मुक्त किया था, प्यार का गीत गुनगुनाया था। दो कदम चलने पर वह रुका, ठिठककर उसने पीछे देखा, केवल अँधेरा, चट्टानें, पहाड़ियाँ। उसने हाथ जोड़कर सिर झुकाया।

"अब मैं जा सकता हूँ ?" उसने पूरी आवाज से चिल्लाकर पूछा और अपनी प्रतिध्वनि की अनुमति मान, फिर चलने लगा।

"मेरे साथ-साथ क्यों लगी हो ?" उसने अपनी परछाईं से कहा।

"ओह ! तुम्हें विपती ने भेजा है, तुम उसके लालटेन की हो। वह मुझे इस तरह निभाती है।" उसने प्रसन्न मन से चुटकी ली।

खाली गाड़ी के भीतर कठघरे में इस समय विपती की लालटेन का नन्हा-सा प्रकाश बन्द था। वह भी अलौकिक था, उसमें भी कोई दैवी स्पर्श था।

"तुम्हें मैंने बन्द नहीं किया, तुम अपने आप बन्द हो गए।" उसने सफाई दी।

"मैं तुम्हें दोष कहाँ देती हूँ। कभी-कभी बँधना भी अच्छा लगता है। जिन्दगी खाली एक बड़ा—बहुत बड़ा मैदान रहे, यह कौन चाहता है, घर-आँगन होने को भी जी ललचाता है।" विपती का न जाने कब का दिया हुआ यह उत्तर उसे अपने इस प्रश्न के जवाब में याद आ गया।

"अब मैं बड़े और छोटे दोनों इंस्पेक्टरों को मुँहतोड़ उत्तर दूँगा। उनसे कहूँगा मैं वही हूँ, कहीं बदला नहीं हूँ। मैं अपना काम करूँगा। पागल कुत्ते पकड़ूँगा, लेकिन उन्हें यहाँ लाकर छोड़ दिया करूँगा। इंस्पेक्टर से कहूँगा कि मैंने उन्हें मार डाला। पागल कुत्ते मारना मेरा धर्म है। मैं अपना धर्म निबाह रहा हूँ, निबाहूँगा।" वह और तेजी से चलने लगा।

मेरे बहुत-से धर्म हैं—पागल कुत्ते पकड़ना, इंस्पेक्टर की भद्दी गालियाँ सुनना, बाल-बच्चों को पालना, औरत की खरी-खोटी अनसुनी करना। और ? और भी बहुत-से, जिन्हें मैं ही जानता हूँ और कोई नहीं।

और कोई नहीं जानता, कोई नहीं जान सकेगा। विपती जानती है, पर उसकी जानकारी अधूरी है, कभी पूरी नहीं होगी।

पहाड़ियाँ समाप्त होने पर दाएँ घूमकर वह पाकड़ के पेड़ के नीचे आ गया। उसने गाड़ी रोकी। लालटेन से बीड़ी सुलगाई, जो अकेली होने के कारण काफी मलिन अवस्था में उसकी जेब में पड़ी थी। उसे इतनी देर से बीड़ी की सुधि क्यों नहीं आई। अब उसकी थकान कम हो सकेगी और वह पौ फटने के पहले ही घर पहुँच सकेगा। उसने एक गहरी कश ली और गाड़ी पर बैठ गया।

एक दिन यह सारी पहाड़ी उसके द्वारा छोड़े गए पागल कुत्तों से भर जाएगी। कभी कोई भूला-भटका यदि इधर आएगा तो पागल कुत्तों का यह आश्रम देखकर वह बड़े आश्चर्य में पड़ेगा, लेकिन वह यह नहीं जानेगा कि इसमें किसका हाथ है। समुद्र में कितनी पागल मछलियाँ होती हैं, घने जंगलों में कितने हिंसक पशु, कितने हाथी पागल होते हैं, कौन जानता है। उनका हिसाब किसके पास है ! समाज से अलग रहने पर पागल होने न होने का क्या महत्त्व है !

उसे बड़ी सड़क पर रहने वाली मेम साहब की गुलाब-सी जवान लड़की याद आई, जो एक बड़े एलसेशियन के साथ अकेली जंगल की ओर नित्य शाम को घूमने आती थी। लौटते समय उससे रोज ही भेंट होती।

"मेम साहब, बड़ा डबल कुत्ता है।"

"मेम साहब नहीं, मिस साहब कहो।"

"मिस साहब, यह इतना डबल कैसे हो गया ?"

"ओह, तुम इतना भी नहीं जानते, इसका बाप भेड़िया था। यह इंग्लैंड से आया है।"

"इसकी माँ तो भेड़िया नहीं थी मिस साहब।"

"नहीं, वह शिकारी थी, शेर का शिकार करती थी।"

फिर वह कुत्ता न जाने कैसे पागल हो गया। शहर में न जाने कितनों को काट लिया, कोई पकड़ने की हिम्मत नहीं करता था। फिर बन्दूक लेकर साहब ने उसका पीछा किया और गोली मार दी। इतना

भारी था कि उसका खींचना मुश्किल था। ठेले पर लादकर उसे शहर से बाहर फेंकना पड़ा।

मिस साहब ने घूमने आना बन्द कर दिया। बँगले के सामने घूमा करतीं। एक दिन उधर से जाते समय भेंट होने पर उसने पूछा—"मिस साहब, कुत्ते की बहुत याद आती है ?"

"क्यों नहीं दीनू, वह बहुत शरीफ था।"

"पागल कैसे हो गया था मिस साहब ?"

"पड़ोस में जो मिस्टर कैनथ हैं, उनके लड़के ने उसे शायद कुछ खिला दिया। वह उन पर कई बार झपट चुका था। जाने क्यों कुत्ते को उसकी सूरत से नफरत थी, देखते ही झपटता था, मुझे भी उसकी सूरत मनहूस लगती है।"

"पागल होने पर आप पर तो नहीं झपटा ?"

"नहीं, मैं सुबह सोकर उठी थी। बाहर लान में आ रही थी, तभी नौकरों की चीख-पुकार सुनाई दी। वह कइयों को काटकर आ चुका था। बिल्कुल मेरे पास से होकर गुजरा, मैंने उसका नाम लेकर बुलाया। नौकर दूर से ही चिल्लाए : पागल है, मिस साहब भागिए। लेकिन उसने मुझे काटा नहीं, पुचकारने पर थोड़ा रुका, मेरी ओर देखा, लेकिन हमेशा की तरह पास नहीं आया, जाने क्या सोचकर भाग गया।"

"क्यों विपती, यदि मैं पागल हो जाऊँ ?" उसी दिन शाम को मिस साहब की बात याद आने पर उसने पूछा था।

"तब तुझे बाँधकर घर में डाल दूँगी।" विपती हँस दी थी।

"घर में अभी क्यों नहीं डाल लेती, समझ ले मैं पागल हो गया।"

"नहीं, होश-हवासवाला आदमी पागल से ज्यादा खतरनाक होता है। होश-हवासवाला आदमी जो कुछ करता है, किसी नीयत से करता है, पागल की कोई नीयत नहीं होती।"

फिर वह निरुत्तर होकर हँसने लगा था।

उस दिन की अपनी हँसी पर उसे इस समय फिर हँसी आ गई। बीड़ी समाप्त हो चुकी थी। अन्तिम कश लेकर उसने बीड़ी फेंक दी और उठ खड़ा हुआ। सोचने लगा, आज अगर विपती ने यह उत्तर दिया होता

तो वह उसका बहुत अच्छा जवाब देता, कहता—"नीयत पागल की भी होती है, लेकिन वह जो सोचता है, कर गुजरता है, होश-हवासवाला आदमी नीयत खराब होने पर भी डरता है। समाज डरपोक आदमियों को ही अच्छा समझता है। सोचने और कर गुजरनेवाले आदमियों को पागल कहता है।"

एक दिन विपती ने उससे पूछा था—"आजकल इतने ज्यादा कुत्ते क्यों पागल होने लगे हैं !"

उसने हँसकर जवाब दिया था—"आदमी भी तो बहुत ज्यादा पागल होने लगे हैं, यह तू नहीं देखती। जितनी ही आदमी पर रोक-थाम लगाएगी, उतना ही वह पागल होगा। आदमी का दिमाग तो गेंद है, बहुत ज्यादा दबाएगी तो फिसलकर उछल जाएगा। फिर काबू में नहीं रहेगा।"

"यह पाबन्दी दूसरा लगाने कौन जाता है। आदमी खुद ही अपने पर लगाता है, अपने को दबाता है।"

"क्या करे ? न दबाए तो पागल कहा जाए। समाज के कानून के आगे किसका बस चलता है ? मुझको ही देख ले।"

"तुमको तो इतने सालों से देखती आ रही हूँ। तू हो चुका पागल। तू बस जिन्दगी भर पागल कुत्ते पकड़ेगा और उन्हीं को ठिकाने लगाएगा।" विपती ने मुस्कराकर मुँह बिचकाकर कहा था।

वह हँसा। उसने एक अँगड़ाई ली और गाड़ी ठेलनी शुरू कर दी। ठीक ही है, जिन्दगी भर मुझे पागल कुत्ते ही पकड़ने हैं, लेकिन अब मैं उनका आश्रम बनाऊँगा, उन्हें ठिकाने नहीं लगाऊँगा। वह स्वयं पागलों-सा हँसा और हँसता गया।

[7]

अभी पूरब में पौ फट रही थी। चारों तरफ अब भी अँधेरा था। उसने घर से थोड़ी दूर पर गाड़ी खड़ी कर दी और दबे पैर घर की ओर बढ़ा। उसकी स्त्री, विपती के घर के सामने खड़ी थी और चिल्ला-चिल्लाकर कह

रही थी :

"तू जानती है, वह कहाँ गया है। खूब अच्छी तरह जानती है। तू मेरी सौत है–सौत...तू...तूने उसे पागल कर दिया है। मैं तुझे माहुर दे दूँगी।"

और विपती कह रही थी–"मैं कुछ नहीं जानती।"

वह वापस लौट आया और कुत्ते के टूटे हुए बाड़े के पास अँगोछा बिछाकर सो गया। थकान के कारण लेटते ही उसे बहुत गहरी नींद आ गयी और जब उसकी आँख खुली तो सूरज आकाश में बहुत ऊपर चढ़ आया था। धूप तेज हो गई थी और वह पसीने से तर था। उसकी स्त्री और बच्चे पास ही खड़े थे। वह बहुत देर तक कुछ नहीं बोली। कभी टूटे बाड़े की ओर देखती, कभी उसकी सुर्ख आँखों की ओर। वह सिर झुकाए बैठा था।

"काम पर जाओगे ?" धीरे से उसकी स्त्री ने पूछा।

"हाँ, जाऊँगा।"

"रोटी चूल्हे पर रखी है, लेते जाना। मैं जा रही हूँ, मुझे भी देर हो गई।"

फिर वह चली गई। छोटा बच्चा धीरे-धीरे सरकता हुआ उसके पास आ गया। कुछ देर उसकी ओर देखता रहा, फिर जैसे उसका ध्यान आकर्षित करने के लिए उसने मुट्ठी में धूल भरकर उसके ऊपर डालना शुरू किया। वह जैसे होश में आ गया। उसने उसे चुमकारकर गोद में बैठा लिया। स्नेह का आश्वासन पाकर बच्चे ने उसका मुँह देखते हुए पूछा–"बापू, कोत्ता कहाँ गया ?"

"अपने घर चला गया।"

"उसका घर कहाँ है ?"

"बहुत दूर।"

"कहाँ बापू ?"

"उधर।"

"किधर, पहाड़ियों में ?"

"हाँ।"

"बापू ! तुम दूसरा कोत्ता पकड़ लाना।"

उसने उसका कोई जवाब नहीं दिया। चुपचाप उठा। घर से रोटी ली और काम पर चला गया।

शाम को जब वह लौटा तो उसकी गाड़ी में फिर एक कुत्ता था। उसका रंग भूरा था और उसके माथे पर एक सफेद टीका था। रात में, घर में सबके सो जाने पर वह उठा और कुत्ते की गाड़ी के पास आ गया, जो उसने घर से दूर खड़ी कर रखी थी। विपती भी गाड़ी के पास ही खड़ी थी।

"इसे भी वहीं छोड़ने जाओगे ?"

"हाँ, विपती। वह बहुत अच्छी जगह है, अपनी लालटेन ले आ।"

"ले जा। लेकिन घर पर लालटेन न देखकर भौजाई समझती है, मैं भी कहीं गई हूँ।"

वह हँसा—"तो फिर चली ही क्यों नहीं चलती ?"

"मैं कोई पागल हूँ !"

लालटेन गाड़ी में बाँधकर विपती ने कहा—"इसके तो माथे पर सफेद टीका है, इसे तो नहीं पागल होना चाहिए था।"

"सफेद टीकेवाले ही पागल होते हैं विपती। जिनके माथे पर लाल टीका होता है, वे ही नहीं पागल होते।"

"चल, भौजाई तो बची रहेगी।"

"तुझसे सुबह बिगड़ रही थी न ?"

"नहीं तो। तुझे पूछने आई थी। मैंने कह दिया, मुझे नहीं मालूम।"

"और भी कुछ कहा था ?"

"नहीं, बेचारी परेशान थी। तेरी बहुत चिन्ता करती है।"

वह मन ही मन मुस्कराया।

"मैं बड़ा भाग्यवान हूँ विपती। किसी के एक चिन्ता करनेवाला ही नहीं होता, यहाँ दो-दो चिन्ता करनेवाले हैं।"

''खैर, मेरी चिन्ता तेरे किस काम की ? मैं तो दरवाजे के सामने की नीम हूँ, आँधी-तूफान में गिरी तो घर की खपरैल ही तोड़ूँगी।''

''घर की खपरैल से नीम की छाया में पड़े रहना मुझे अच्छा लगता है।'' उसने कहा और गाड़ी बढ़ाकर चल पड़ा। वह इस वाक्य को बार-बार दोहराता गया, जपता गया, इतना तन्मय हो गया कि आधा रास्ता पार कर गया। उस शीतल बयार और सुखद छाँह का स्मरण करता रहा, जो उसे जिन्दगी की तपती दोपहरी में नीम की छाया के नीचे मिलती है। ध्यान टूटने पर उसे लगा, कोई उसके साथ-साथ चल रहा है। किसी के पैरों की आवाज उसे ठीक अपने पीछे-पीछे सुनाई दे रही है।

''तुम मेरे साथ क्यों आ रही हो ?'' वह बुदबुदाया।

''नहीं मानती, घर जा, लौट जा, नहीं तो तेरी भौजाई घर पर तुझे न पाकर जाने क्या कर बैठेगी। मैं तेरी भौजाई से नहीं डरता, लेकिन बच्चों का मोह मुझे है। मैं नहीं चाहता कि कुछ ऐसा कर बैठूँ कि मासूम बच्चों की जिन्दगी खराब हो। शायद तू समझ सकती है। बच्चों ने कोई कसूर नहीं किया है। और भौजाई भी क्या करे, औरत है। और मैं भी क्या करूँ, मुझे तू अच्छी लगती है, नीम की छाँह प्यारी है। हम सब अपनी-अपनी जगह पर बँधे हैं, विवश हैं। किसी का कोई दोष नहीं। लेकिन तू जो अपनी चिन्ता न करके मेरे पीछे-पीछे चली आ रही है, यह बुरा है। तुझे मेरे लिए अपने को तकलीफ देने का कोई अधिकार नहीं है, क्योंकि जब भी मैं देखता हूँ कि तू मेरे लिए तकलीफ उठा रही है तो मैं अपने को छोटा महसूस करने लगता हूँ, अपनी ही निगाहों में गिर जाता हूँ। मैं उम्मीद करता हूँ, तू यह नहीं चाहेगी कि मैं अपने ही सामने जलील होऊँ। जा, लौट जा, मेरी अच्छी विपती, लौट जा।''

लेकिन पैरों की आवाज निरन्तर बनी रही। साफ-साफ सुनाई देती रही, चलती रही पीछे-पीछे। गरदन घुमाकर देखने का जाने क्यों उसमें साहस नहीं था।

''मैं बोझा ढोनेवाला आदमी हूँ, सब कुछ ढो सकता हूँ, पर अहसानों का बोझ नहीं ढो सकता। सचमुच मैं बहुत दब गया हूँ तुम्हारे इस बोझ से, बहुत दबा हुआ हूँ। मुझे और मत दबाओ। इतना ही क्या

कम है कि मैं जिस रोशनी के सहारे चल रहा हूँ, वह मेरी अपनी नहीं है तुम्हारी है। यह सारी राह, उस पर रखा हर कदम तुम्हारा है। अपने को इस तरह खोकर कौन सुखी रह पाता है ? मुझको मुझसे मत छीनो। लौट जाओ।''

लेकिन पैरों की आवाज आती रही ठीक पीछे-पीछे, उतनी ही अनवरत, उतनी ही स्पष्ट।

''जब कभी भी मैं, अँधेरे में किसी नए रास्ते पर, जिस पर जाना लोग पाप समझते हैं, कदम बढ़ाता हूँ, तुम विदा देने के लिए खड़ी मिलती हो। हर तरफ भटककर, टकराकर, जूझकर वापस आता हूँ, तुम स्वागत के लिए खड़ी दिखाई देती हो। मेरा हर नया सफर, मेरा भटकना, टकराना, खोना-पाना सब तुम्हारा हो जाता है और मैं पहले की ही तरह उसी जगह पर वैसे ही, हारा हुआ, सिर झुकाए अपने को खड़ा हुआ पाता हूँ। मुझे इस तरह बेबस मत बनाओ, लौट जाओ।''

लेकिन पैरों की आवाज बन्द नहीं हुई। उसके विचार सूक्ष्म से सूक्ष्मतर होते गए। यहाँ तक कि अन्त तक जाते-जाते शब्द खो गए, अनुभूति का आभास खो गया, एक पीड़ा, एक कचोट बची रही जिसे वह वाणी देना चाहता था, समझ लेना चाहता था और समझ नहीं पा रहा था। उस आवाज को सुनकर उसने जो कुछ कहा, वह शब्दों में नहीं था, वह समझ में आने वाली किसी अनुभूति में नहीं था, वह एक विचित्र दर्द में था, अनुग्रह से भरी ऐसी पीड़ा में था जिसके पुलक और तिक्तता का पृथक् अंकन नहीं हो सकता। और शायद इसी कारण वह पैरों की आवाज सुनता रहा, चलता रहा और उसने शीश घुमाकर पीछे नहीं देखा। पीछे मुड़कर देखने की उसमें शक्ति नहीं थी, हिम्मत नहीं थी। उसने राह में पड़ा एक भारी पत्थर अपनी सारी शक्ति से उठाया और फेंक दिया, मुक्त हो गया।

पाकड़ के पेड़ के नीचे पहुँचकर पहाड़ियों में घूमने के लिए वह रुका। मोहल्ले का पालतू कुत्ता, उसने देखा, उसके पास खड़ा था। वह कैसे पीछे चला आया ? उसे अब तक क्यों नहीं मालूम हुआ ? क्या वही पीछे-पीछे चला आ रहा था ? उसे अपने ऊपर खीझ आयी और

उसके ऊपर गुस्सा। उसने गाड़ी में लगी बाँस की संटी उठाई और उसे दौड़ाया।

"तू तो पागल नहीं है, तुझे कौन लाया ?" कुत्ता कें-कें करता भागा। उसने उसे बहुत दूर तक दौड़ाया और फिर गाड़ी लेकर पहाड़ियों में घूम गया। कुत्ते की हरकत पर उसे बहुत हँसी आई। यह आज मेरे पीछे-पीछे क्यों लग गया ? कौन जाने वह इस कुत्ते के पीछे-पीछे लगा हो, उसका मित्र हो, आत्मीय हो। कुत्ते का मित्र और आत्मीय ? वह खिलखिलाकर हँस पड़ा। बहुत देर तक हँसता रहा।

निश्चित स्थान पर पहुँचकर आगमन द्वार पर के चुने हुए पत्थर हटाकर उसने कुत्ते को गाड़ी से खुले स्थान में ढकेल दिया। फिर पत्थर चुन दिए। पहला कुत्ता दूसरे कुत्ते को देखते ही गुर्राकर झपटा। फिर दोनों जोर से लड़ने लगे और वह उनकी लड़ाई देखने के लिए चट्टान पर चढ़ गया। "तुम दोनों पागल हो, फिर क्यों लड़ते हो ?" कौन जाने, एक-दूसरे का स्वागत कर रहे हों। पागलों का स्वागत भी तो कुछ दूसरी तरह का होगा। उसने सोचा और चट्टान पर लेट गया।

चट्टान उस समय भी गर्म थी, जैसे दिन की तपन को छोड़ना नहीं चाहती हो। हवा कुछ अधिक शीतल थी, चाँद की रोशनी कुछ और तेज थी। कल से आज चारों ओर की चमक में उसे एक स्पष्ट अन्तर दिखाई दे रहा था। हवा का शीतल स्पर्श उसे बेहद सुखद लगा। वह आँख बन्द करके लेट गया। उसे झपकी आ गई। थोड़ी देर बाद पैरों में उसे गुदगुदी मालूम हुई। उसने आँख खोलकर देखा, मोहल्ले का वही पालतू कुत्ता उसके पास खड़ा, उसका पैर चाट रहा था।

"तू फिर आ गया कलुआ ? खैर, बैठ जा, चलता हूँ। तुझे बताकर आना चाहिए था।" उसने कहा। कुत्ता पूँछ हिलाने लगा और पास सटकर बैठ गया।

"मेरी गाड़ी में बन्द अपने किसी पागल बन्धु को देखकर तुझे कैसा लगता होगा ? यह सफेद टीकेवाला तेरा दोस्त था क्या ? जरूर था। नहीं तो तू कल क्यों नहीं आया था ?"

कुत्ता पूँछ हिलाकर कूँ-कूँ करने लगा। वह उत्तर नहीं था। आदमी

के स्नेह के लिए उसकी कृतज्ञता थी।

"मैं क्या करूँ ? मेरा यह पेशा है। आज तू योग्य है, स्नेह पाता है। कल यदि इसके योग्य नहीं रहेगा तो तुझे भी यहीं ले आऊँगा। इन्हें लाता हूँ तेरे भले के लिए। तुझे लाऊँगा दूसरों के भले के लिए। यह क्रम लगा रहेगा। मेरा यह धर्म है। सारी दुनिया के आदमियों का यह धर्म है।"

उसने कुत्ते को बड़े प्रेम से समझाया। और कुत्ता जैसे सब समझ रहा हो। अन्तर इतना ही था कि आदमी गरदन हिलाता है और कुत्ता पूँछ हिलाता रहा।

रात अधिक ढलते देख, वह उठा और कुत्ते को साथ ले, खाली गाड़ी ठेलता घर के लिए रवाना हो गया।

[8]

यह क्रम एक पखवाड़े तक चलता रहा। हर दूसरे-तीसरे वह एक नए पागल कुत्ते को लेकर आधी रात पहाड़ियों में आता और छोड़ जाता। कलुआ उसके पीछे-पीछे होता। विपती की लालटेन उसकी गाड़ी में बँधी होती। वह उस प्रकाश के सहारे अँधेरा पार करता और विपती अँधेरे में खड़ी-खड़ी उस प्रकाश को दृष्टि से ओझल होते देखती। हर सुबह घर पहुँचने पर वह अपनी पत्नी की आँखों में और अधिक सन्देह की कालिमा देखता, और अधिक तीखे छोटे होते हुए वाक्य सुनता।

छोटे और बड़े इंस्पेक्टर उसके काम से प्रसन्न थे। वे उसे देखकर हँसते और बड़ी-बड़ी गालियाँ देते। वह उन्हें और झुक-झुककर सलाम करता। अब तक वह बीसियों पागल कुत्ते पहाड़ियों में ले जाकर छोड़ चुका था। बीसियों रात वह चुपचाप घर से बाहर रहा था और लालटेन के बिना विपती की कोठरी अँधेरी दिखाई दी थी। और उसकी पत्नी दोनों को रात-भर घर से बाहर समझ, सन्देह और ईर्ष्या की अग्नि में जली थी और जलती गई थी।

कलुआ को जाने क्या हो गया था। उस रात की यात्रा के बाद से वह सदा उसके साथ बना रहता। जब वह पागल कुत्ते पकड़ने जाता तब भी उसके साथ रहता, जब रात में पहाड़ियों पर उन्हें छोड़ने जाता तब वह अक्सर कलुआ के बदन पर हाथ फेरता, धूल में लेटा रहता उससे कहता : "देखा था उसको, तुझसे डबल था, पागल हो गया। मुझसे रियायत की उम्मीद मत रखना। तू पागल हो गया तो तुझे भी वहीं छोड़ आऊँगा।"

अक्सर विपती उसके पास आकर बैठ जाती और वह कहता : "देखती है कलुआ को, मुझसे डरता है, रियायत चाहता है। लेकिन यह नहीं जानता कि यदि यह पागल होगा तो इसके साथ भी मैं वही सलूक करूँगा, जो इसके अन्य साथियों के साथ करता हूँ।"

"पहाड़ियों में तुमने जितने कुत्ते छोड़े हैं, सभी जिन्दा हैं या कुछ मर गए ?" विपती पूछती।

"कई मर गए।"

"वह सफेद टीकेवाला ?"

"उसकी मौत पिछले सप्ताह ही हो गयी। वह अचानक एकदम सूख गया।"

"और तुम्हारा देवता ?"

"वह तो बहुत दिन हुए नहीं रहा। चील-कौओं ने उसका भोग लगा लिया। लेकिन अपने पीछे इतने सारे देवताओं का सिलसिला वह छोड़ गया है, जो कभी खतम नहीं होगा। आज दोपहर मैं जाऊँगा उन्हें रोटियाँ देने के लिए।"

"मैं भी चलूँगी।" विपती ने कहा।

"चल, जल्दी ही, तेरी भौजाई के काम से लौटने के पहले ही लौट आएँगे।"

फिर दोपहर में वह विपती को साथ लेकर जलती हुई पहाड़ियों में था। धूप तेज थी, चट्टानें अंगारों-सी सुलग रही थीं। विपती के पैर भुने जा रहे थे। उसका कष्ट देखकर उसने पूछा—"तुझे इन कुत्तों से क्यों मोह हो गया ?"

"तुझे जो है।"

"मैं तो नहीं जानता मुझे क्या है ? लेकिन मोह नहीं है। कुछ डर जरूर लगता है—अपने पिछले किए का डर। मुझे उन्हें मारने का क्या हक था ? कभी-कभी लगता है, मैंने बहुत पाप किया है। कहीं ईश्वर मुझे मेरे पाप का दण्ड न दें। क्योंकि हर जीव में ईश्वर है। पागल कुत्ते के भेस में आकर, मेरे बच्चे की जान बचाकर ईश्वर ने मुझे यह अच्छी तरह समझा दिया है। और अब मुझे हरएक में ईश्वर तो नहीं, लेकिन उसकी शक्ति दिखाई देती है। उस शक्ति से मैं डरता हूँ विपती। जो कुछ करता हूँ भय से। जो मेरी प्रीति है, वह भय के कारण।"

"यह तू गलत कहता है, तू अपना मन नहीं समझ पाता।"

"मैं समझ पाता हूँ। जब भी मैंने इस कुत्ते के समाने हाथ जोड़कर शीश झुकाया है, मैंने अपने पर लानत भेजी है, मैं जानता रहा हूँ कि वह पागल कुत्ता ही है। फिर भी मैं विवश रहा हूँ। भावी के भय से ग्रस्त होने के कारण ही मेरा शीश अपने आप झुक गया है। शायद आने वाली विपत्ति टल जाए। शायद कोई विपत्ति आने वाली हो। तब यह कहने को न रहे कि मैंने वहाँ सिर नहीं झुकाया था। यह मोह तो नहीं है, यह श्रद्धा भी नहीं है। यह डर है डर, वर्तमान से डर, भविष्य से डर, विपत्तियों से डर। लेकिन तुझे कौन-सा डर है ?"

"मुझे कोई डर नहीं है। मेरे लिए तो वह शुभ है, वरदान है। जब से वह आया है, तेरी निगाहें बदल गयी हैं। पहले जैसा स्नेह मुझे तुझसे फिर मिलने लगा है। मैं उसके सामने हाथ नहीं जोड़ूँगी तो कौन जोड़ेगा ?"

"ओह ! तो तुझे मेरा स्नेह छिन जाने का डर है ? विपती, मैं कहता हूँ कहीं न कहीं वह डर ही है, जो हमसे किसी की पूजा करवाता है। जानती है विपती, तू मुझे क्यों अच्छी लगती है ? मैं जो छोटा काम करता हूँ, ऐसा काम जिसके लिए मेरा मन ही मुझे दुत्कारता है, मुझ पर हँसता है, उस काम को तू बड़ा समझती है, उसका आदर करती है, उसमें साथ देती है। मेरी मजबूरी को तेरे यहाँ पनाह मिलती है। तू मुझे अपने पर भरोसा दिलाती है, अन्यथा मैं अपनी ही निगाह में बहुत अधिक गिर

जाऊँ। और अपनी निगाह में गिर जाने पर फिर कोई निस्तार नहीं।"

विपती कुछ नहीं बोली।

"और तू मुझे क्यों चाहती है ?" उसने पूछा।

"यह मैं नहीं जानती।"

अपने मन की बात इतनी अच्छी तरह समझ पाने और कह पाने पर उसे बड़ा आश्चर्य हुआ। उसे लगा जैसे वह कहीं बदल गया है। उसमें कुछ असाधारण विचार शक्ति आ गई है। उसके मस्तिष्क में तेजी से विचार आ रहे थे—विचारों की एक शृंखला। उसके जी में आ रहा था, वह बोले, खूब बोले। अपना एक-एक रेशा अलग करके रख दे। यह स्फूर्ति, एकदम नई स्फूर्ति, विपती के साथ के कारण है, इस गहन एकान्त में पूर्ण विश्वास के साथ जो उसका सामीप्य उसे प्राप्त हुआ है। पर जाने क्यों उसने आगे कुछ नहीं कहा। चुपचाप पहाड़ियों की जलती चट्टानों पर पैर रखता हुआ विपती के साथ-साथ चलता रहा।

कुत्तों को रोटियाँ देकर वे लौटने लगे। उस समय शाम हो रही थी। विपती बहुत उदास हो गई थी। उसकी आँखों के आगे कुत्तों के दुर्बल, असहाय, हाँफते हुए चेहरे झूल रहे थे। हटाए नहीं हट रहे थे।

"तू उदास क्यों हो गई है ?" उसने पूछा।

"सोचती हूँ, आखिर कोई पागल क्यों हो जाता है ? ओफ, पागलपन कितना दयनीय है। अपने ऊपर अपना ही वश नहीं। ईश्वर न करे कोई पागल हो।"

विपती ईश्वर से जैसे प्रार्थना करने लगी और उसकी यह प्रार्थना बहुत देर तक चलती रही। क्योंकि वह चुप थी, उसके मुख पर करुणा की विचित्र रेखाएँ थीं।

"तेरी प्रार्थना अगर भगवान सुन लें तो मेरी तो रोजी ही चली जाए, बाल-बच्चों का पेट पालना मुश्किल हो जाए।" उसने उदासी का वातावरण कम करने के लिए कहा।

"दूसरी नौकरी मिल जाएगी। किसी बँगले में कुत्तों की देख-रेख किया करना।" विपती ने उत्तर दिया।

पर उदासी दूर नहीं हुई। विपती को जाने क्या हो गया था। वह

रह-रहकर काँपती थी, थरथराती थी।

"पागलों पर तुझे दया नहीं आती ?" विपती ने पूछा।

"नहीं, गुस्सा आता है।"

"क्यों भला ?"

"यही सिखाया गया है मुझे। उनसे नफरत होती है। उनका गला घोंट देने का जी करता है। उन्हें भी जल्दी इस तकलीफ से छुट्टी मिल जाती है। सच बताऊँ तुझे। जब मैं पागल कुत्तों को फन्दा लगाकर या कुचिला देकर मार डालता था, तो मेरा मन बड़ा शान्त रहता था, अब मेरा मन हर समय अशान्त रहता है। यह जाने कैसी विचित्र बात है। गलत काम करने से शान्ति मिलती थी और अब सही काम करने से अशान्ति मिलती है। मैं हर समय चिन्तित रहता हूँ, एक अजीब-सी उथल-पुथल रहती है। हर समय लगता है, कुछ ऐसा कर रहा हूँ जो मेरी जाति का धर्म नहीं है। जैसे यह मेरा धर्म नहीं है, किसी दूसरे का धर्म है, जो मैंने ओढ़ लिया है; किसी दूसरे की उतरन है, जो मैंने पहन रखी है, यद्यपि यही ठीक है। इस ठीक को मेरी बुद्धि स्वीकार करती है पर भीतर वह जाने क्या है जो नहीं स्वीकारता, मुझे हर घड़ी अशान्त रखता है। क्यों विपती, जिस काम से शान्ति मिलती हो, क्या वही हमारा धर्म नहीं है ?" उसने कहा।

"धरम मैं नहीं जानती। लेकिन जिस काम से हमेशा शान्ति मिलती हो, वही करना चाहिए, यह मानती हूँ।"

विपती का डर अभी भी नहीं गया था। पहाड़ियाँ पार कर पाकड़ के पेड़ के नीचे आकर जैसे वह लड़खड़ाने लगी। उसने दीनू को कसकर पकड़ लिया। दीनू ने देखा वह बेहद थरथरा रही है, काँप रही है।

"तुझे क्या हो गया है ?"

वह कुछ बोली नहीं। केवल उसका सहारा लिये हुए खड़ी रही। फिर वे दोनों बैठ गए। उसने दीनू के घुटनों पर सिर रख दिया और बहुत देर तक रोती रही।

"तुझे क्या हो गया है ?"

वह कुछ नहीं बोली।

"बताती क्यों नहीं ?"

"तुझे क्या बताऊँ ? जाने कैसा डर लगता है। मुझे कुछ देर ऐसे ही बैठा रहने दे।"

सूर्य डूब रहा था।

[9]

विपती पागल हो गयी। विपती के पागल होने की सूचना उसे अपनी पत्नी से ही मिली।

"तू मेरी सौत है सौत, मैं तुझे माहुर दे दूँगी।" उसे विपती से कहे गए अपनी पत्नी के वाक्य याद आए। उसने पत्नी को जलती हुई आँखों से घूरकर देखा। पत्नी ने आँखें नीची कर लीं ! वह कुछ बोला नहीं। उसकी उँगलियों में एक विचित्र-सी ऐंठन हुई, हाथ उठे, लेकिन पास खड़े बच्चों को देखकर वह उठे हुए हाथों से अपना सिर थाम कर बैठ गया। घण्टों बैठा रहा, फिर चुपचाप उठकर विपती के घर की ओर चल दिया।

विपती अनाथ थी, विधवा, माँ-बाप, भाई-बहन कोई नहीं थे। अपनी कोठरी के सामने वह चीख-चिल्ला रही थी। उसने अपना सिर पटक दिया था, खून निकलकर जम गया था। उसका चेहरा बदल गया था, उसे देखकर भय लगता था। मोहल्ले के लोग उसे पकड़े हुए थे। उन्होंने उसे कोठरी के सामने की छोटी नीम से बाँध रखा था।

"इसे किसी ने कुछ खिला दिया है।" एक वृद्ध ने कहा।

वह सामने आकर खड़ा हो गया। विपती ने उसे पहचाना नहीं, केवल देखती रही, फिर अनाप-शनाप बकने लगी, चीखने-चिल्लाने लगी, हाथ-पैर-सिर पटकने लगी। उसे सँभालना मुश्किल हो गया।

विपती इतनी बीभत्स भी हो सकती है, यह पहली बार उसने अनुभव किया। उसकी ओर उससे देखा नहीं जाता था। उसका सिर चकरा रहा था, एक विचित्र-सी ऐंठन वह अपने शरीर में अनुभव कर रहा था। उसे लगता था, जैसे उसके मस्तिष्क ने काम करना बन्द कर

दिया है। वह कुछ भी सोचने-समझने में असमर्थ हो गया है।

वह उड़ा-उड़ा-सा कुत्ते के टूटे हुए बाड़े की ओर चला गया और एकान्त में जलती हुई धूल में बैठ गया। सिर के ऊपर तेज धूप थी, लेकिन उसे इसका कोई ज्ञान नहीं था। उसे रह-रहकर कँपकँपी-सी लगती थी। वह केवल अपनी चलती हुई सांस अनुभव कर पा रहा था। उसके अंग-अंग प्राणरहित थे, मस्तिष्क विचारशून्य।

"पागल कुत्तों को मारना तुम्हारा धर्म है।" एक तेज आवाज उसे सुनाई दी और उसने किसी आँधी में उड़ता हुआ-सा उसे सुना। "लेकिन पागल आदमी को ?" उसके भीतर किसी ने चीखकर पूछा, परन्तु उस आँधी में, वह आवाज दब गयी। उसे कोई उत्तर नहीं मिला।

उसे उस मोटे आदमी की याद आई। उसकी मुट्ठियाँ भिच गयीं, "दाँत किटकिटा उठे। उसे लगा, वह उस मोटे आदमी की गरदन पकड़कर जोर से दबा रहा है। इतनी जोर से कि वह स्वयं अशक्त हो गया, चूर-चूर हो गया, पसीने से नहा उठा। वह जलती धूल पर लेट गया। "तुम जिसे पैदा नहीं कर सकते, उसे मार भी नहीं सकते।" मोटे आदमी की क्षीण आवाज आई। 'लेकिन जो असुन्दर है, अशिव है, हानिकारक है, समाज विरोधी है, उसे मारना धर्म है।' एक दूसरी तेज आवाज आई, गरजती हुई आवाज छोटे इंस्पेक्टर की जो इस आँधी में एक ऊँचे टीले पर चढ़ा चिल्ला-चिल्लाकर कह रहा है। छोटे इंस्पेक्टर की आवाज आँधी के शोर से अधिक उभरी, तेज होती गई। उसकी आँखें खुलने-सी लगीं, 'लेकिन पागल आदमी को मारना ?' यह प्रश्न आते ही सारी आवाजें जैसे खो गईं। वह शिथिल, जड़वत् विचार-शून्य हो गया और उसने आँखें बन्द कर लीं।

वह दिन भर धूप में पड़ा रहा। संध्या समय चुपचाप विपती की कोठरी की ओर गया। विपती बँधी-बँधी सो गई थी। उसके माथे का खून जमकर काला हो गया था। उस समय वहाँ कोई नहीं था। वह कुछ देर खड़ा रहा। 'वह इस कष्ट से मुक्त हो जाएगी।' उसके भीतर किसी ने कहा। 'लेकिन क्या पागल आदमी को स्वयं कष्ट की अनुभूति होती है ?' किसी ने उसके भीतर ही छोटा-सा प्रश्न किया। वह तिलमिला

उठा। नहीं-नहीं, मैं कुछ सुनना नहीं चाहता। उसे देखकर मुझे कष्ट होता है। मैं उसे इस रूप में नहीं देख सकता। सहसा मस्तिष्क अँधेरा जड़ हो गया। उसकी उँगलियाँ पत्थर-सी जमने लगीं। वह झपटकर उसके पास पहुँचा। विपती की आँख खुल गई। वह बहुत ही बीभत्स दृष्टि से देखती हुई चीखी और अट्टहास कर उठी। वह भागा। रुका नहीं, चलता गया। कहाँ जा रहा है, यह उसने सोचा नहीं। वह चल भी रहा है या नहीं इसका उसे कोई ज्ञान नहीं था। पहाड़ियों में पहुँचकर पत्थर की चुनी दीवार हटाकर वह उस खुले स्थान में कूद पड़ा जहाँ उसने कुत्ते छोड़े थे। कुत्ते उस पर झपटे, उसने उन्हें दबोच लिया, दबोचता गया। उसमें असाधारण बल था। उसकी उँगलियाँ पत्थर-सी जम गई थीं।

और फिर कुछ देर बाद बिना पीछे देखे हुए वह ऊपर चढ़ आया, लौट पड़ा। उसका सारा शरीर खून से लथपथ था। उसने क्या किया, यह सोचने की शक्ति उसमें नहीं थी। लेकिन वह अथाह दर्द के बावजूद हल्का था। वह लड़खड़ाता हुआ दौड़ने लगा।

शाम हो गई थी। उसने देखा, आकाश पर खून ही खून फैला हुआ है। लाल खून, काला पड़ता हुआ खून। बस, और उसे कुछ नहीं दिखाई दिया। वह बेदम होकर हाँफने लगा और उस पाकड़ के पेड़ के नीचे आकर गिर पड़ा। पड़ा रहा, उठा नहीं। हिला-डुला भी नहीं। अँधेरा छाया, बढ़ता गया। रात आई, चली गई। भोर का आलोक फैला, लेकिन वह उसी तरह उसी जगह पड़ा रहा।

क्या वह मर गया ? मोहल्ले का पालतू कुत्ता, कलुआ पास में खड़ा था। जमीन भीग रही थी—कुछ खून से, कुछ आँसुओं से।

●●●